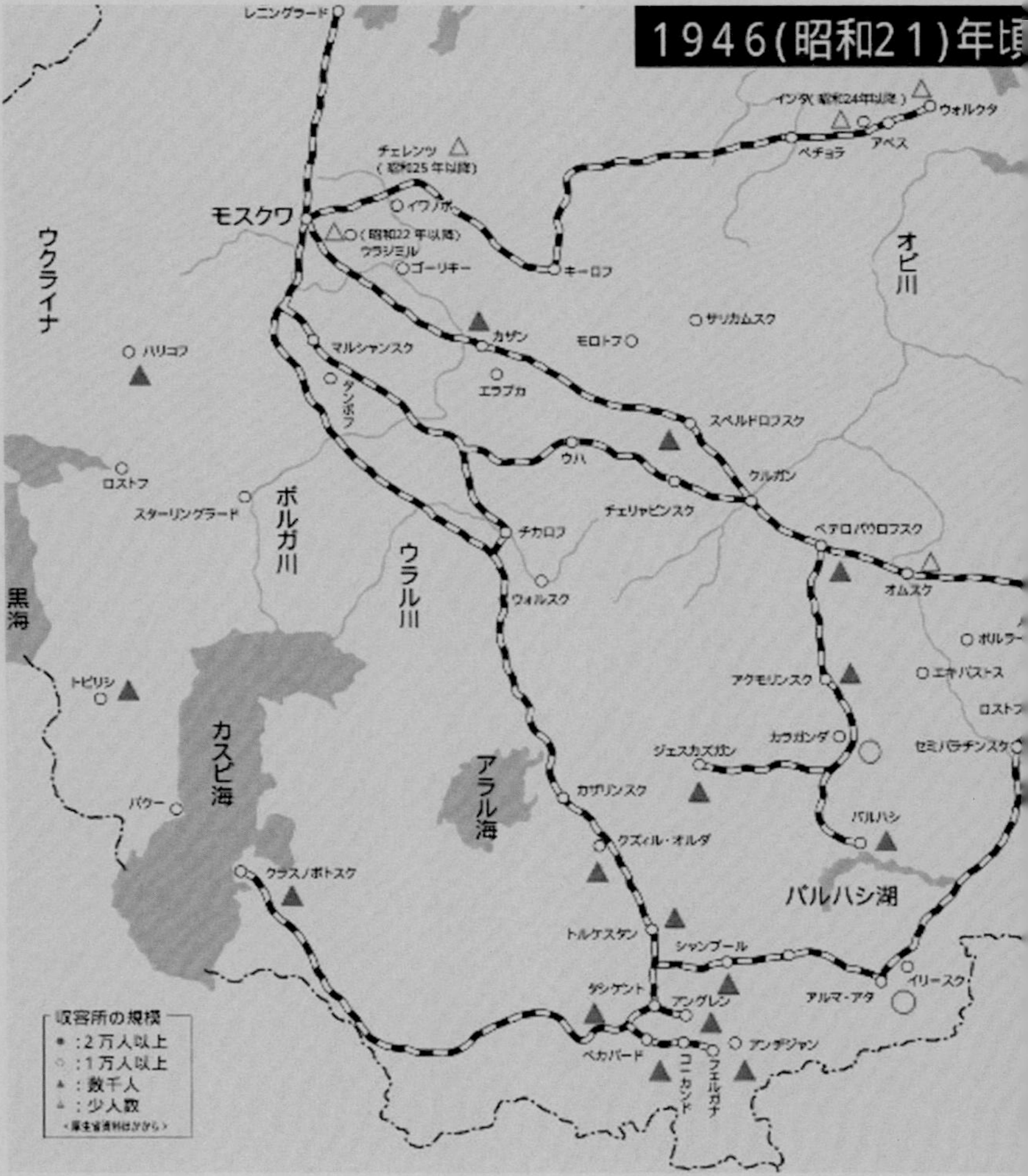
1946(昭和21)年頃
レニングラード
インタ(昭和24年以降)
ウォルクタ
ペチョラ
アベス
チェレンツ
(昭和25年以降)
モスクワ
イワノボ
(昭和22年以降)
ウラジミル
ゴーリキー
キーロフ
オビ川
ウクライナ
サリカムスク
カザン
モロトフ
マルシャンスク
ハリコフ
タンボフ
エラブカ
スベルドロフスク
ウハ
クルガン
ロストフ
ボルガ川
スターリングラード
チェリャビンスク
チカロフ
ペテロパウロフスク
ウラル川
ウォルスク
オムスク
黒海
ボルラー
トビリシ
アクモリンスク
エキバストス
ロストフ
カラガンダ
カスピ海
ジェスカズガン
セミパラチンスク
アラル海
カザリンスク
バクー
バルハシ
クズィル・オルダ
クラスノボトスク
バルハシ湖
トルケスタン
シャンブール
タシケント
アングレン
イリースク
アルマ・アタ
アンヂジャン
ベカバード
コーカンド
フェルガナ
収容所の規模
:2万人以上
:1万人以上
:数千人
:少人数
<厚生省資料ほかから>

JN220450

シベリアに慰霊碑を建てるまで

――折り鶴よ　羽ばたけ故郷《くに》へ魂《みたま》乗せ――

刊行にあたって

協力して父上抑留死の真相解明へ

富田 武（成蹊大学名誉教授）

この物語は、縦糸と横糸で編まれています。縦糸は渡辺祥子さん、母の智津子さん、父の良穂さん、そして祖母、祖父という家族史であり、横糸は、慰霊碑建立で渡辺祥子さんを支援したマリヤ・レブロワさん、ノリリスクの歴史博物館関係者などの支援ネットワークです。

渡辺祥子さんが二〇〇四年に決意して始めた慰霊碑建立は、三歳にして生き別れ、極北の地ノリリスクで亡くなった父の人生と抑留を知る営為でした。しかも、戦後苦労して娘を育て、夫の帰りを待ち、その死が判明した後は慰霊碑の建立を願い、一九九〇年に娘とノリリスクに出かけた母の願いを受け継ぐ営為でした。渡辺祥子さんにとっては、父を想い、母を想い、失われた家族を取り戻す闘いでした。母が他界した二〇〇二年二月十九日、「もう一度 生きなおそうと、心に決めた日」は、渡辺さんの人生の転機だったと言ってもよいでしょう（ちょうど還暦でしたね）。

渡辺さんは、この家族愛に支えられて慰霊碑建立を実現したのですが、その過程で得た友情、人の繋がりも建立への大きな力となりました。ノリリスク歴史博物館長のスヴェトラーナさん、ノリリスク抑留の体験者でロシアに残った浅付昭三さん、サハリンからの帰還者たち、ソ連抑留体験者たち、そして何よりも渡辺さんの秘書兼お守り役で、東京外国語大学の留学生だった、曾祖父を独ソ戦争で亡くしたレブロワさんです。慰霊碑を渡辺良穂一人のものでも、死亡日本人だけのものでもなく、ノリリスク収容所で亡くなったポーランド人やバルト三国人を含む多国籍の犠牲者すべてに捧げたのも、現地訪問その他の機会に結んできた絆の反映なのでした。

私が、抑留研究者として渡辺さんに協力できたのは僅かなことに過ぎません。一つは、インターネット上で偶然に見つけた郷土史家とおぼしきA・V・トゥールキンの論文「ノリリラーグの日本人囚人の運命―祖国に帰らなかった者の運命に照らして」を渡辺さんに提供したことです。その内容は既刊本『わたしはサーシャ 魚と 凪と そしてサーシャ』（桜美林大学北東アジア総合研究所、二〇一三年）の序文に記しました。

いま一つは、連邦保安庁公文書館クラスノヤルスク支部（ノリリスクはクラスノヤルスク地方）に収蔵されているはずの良穂さんの個人登録簿や裁判関係書類を入手するために、同地方の友人の研究者にアクセス状況を尋ね、入手可能性を探っていることで、現在は回答待ちです。

研究者は、ロシア語公文書に接して読むことができるほか、抑留に関する総合的な知識を生かして体験者、遺族家族が知りたい抑留生活の実態解明に貢献できます。しかし、実態解明が本物であるためには、体験・記憶と学術的知見が結びつく必要があります。学術的知見は体験・記憶で、さらには現地訪問でも肉づけられなければ、ひからびた知識に過ぎません。この意味で渡辺さんと私の、体験者、遺族家族と研究者の協力はいっそう緊密なものにすべきでしょう。

きな臭い世界と日本の現状にあって、慰霊碑の碑文をいま一度かみしめたいものです。

まえがき

あなたがいたからこそ続けられた

二〇一五年十月二日、私はシベリア、ノリリスク市のゴルゴダの丘に立ち、十一年かけて完成した抑留による日本人犠牲者の慰霊碑をみつめていました。この慰霊碑にどんなに沢山の方々の想いが込められているのかを、もう一度かみしめました。

そして、帰国早々あなたに報告と御礼の言葉を申し述べなければと思い、この文を書き始めました。

あなたとは、誰のことでしょう。

あなたとは、そうです、あなたのことです。遠く離れた外国に暮らしていらっしゃることもあれば、残念ながら大事なご報告ができぬままこの世を去られた方々でもあれば、近くで私を見守り励まし続けたあなたでもあります。お顔もお名前も知らないのに私を助けてくださった、心が強く優しい方々です。

私がシベリアの外国人立ち入り禁止地区ノリリスク市に、日本人慰霊碑を建てることができたのはまさにあなたの支えがあってのことでした。到底私だけの力ではなしえなかったことです。全ての困難を乗り越える強い力をもっていたのは、実はあなただったのです。

そのあなたに心からのありがとうが言いたくて、下手な文しか書けない私と充分知りながら、ご報告を書かずにはいられない気持ちでいっぱいです。想いのみが先行し、充分にお礼の気持ちが届かないことを心配しつつ、そしてもしご無礼がありましたらどうぞご容赦下さいませ。

私は平凡な人間で、ろくに文章の作法も知らず、わけのわからないモザイク模様の、後先構わないものを書き連ねますが、意を汲みとって頂けましたら幸いです。

また、父の死など解明が難しいものについては、多分に私のいくつかの想像が入り込み、反実仮想の世界になっております。ご承知下さい。

二〇一六年春立つ日に　　　　　　　　　　渡辺祥子

＊ノリリスクのゴルゴダとは……
ロシアにおけるシベリヤは、昔から流刑地とされていました。その流刑地の中の流刑地がノリリスクでした。

ノリリスク市についてはのちほど詳しく説明を入れておりますが、北緯六十九度の西シベリアにあり、鉱物採掘や精錬などを主な産業として成り立っている都市です。日本人数百人もここで抑留による苦しみを味わい、帰らぬ人となった方も多くいます。父もそうでした。他に世界のいろいろな国からも人が集められていました。ドイツ人が二百五十万人いたという説もあります。

ゴルゴダとはキリストが処刑された丘とされ、そのゴルゴダ（ゴルゴタと発音される場合もある）に倣い、多くの人たちがノリリスクで命を落としたことを忘れないよう、慰霊碑群が建てられている場所を「ノリリスクのゴルゴダ」と現地の人たちが命名し、慰霊と教育の場として生かされ、市民により大事に守られています。

昭和 19 年 1 月 3 日 祥子誕生日記念。良穂 32 歳、智津子 23 歳、祥子 2 歳
（樺太 豊原市にて）

◆目次◆

1　キュリー夫人と自由

私はその日、とてもウキウキしていました。なぜならこのうららかな春の日に、高校の入学式を終えたからです。今までとは違った新しい自分が誕生した気がして、スキップでもしながら家に帰りたいような、いっそのこと走って帰ってしまおうかとも思える気分でした。春は気持ちが張りつめるから「はる」というのだと思いました。

そんなことを考えながら歩いていると、右手に馴染みの中川書店が見えてきました。ちょっと寄ってみようと中に入ると、いつもの見慣れた本がずらりと並んでいます。

私の好きなコーナーは向かって左側の通路で、あるある、いつもの本が。「谷間のゆり」、「ボバリー夫人」、「雨の朝パリに死す」、「三色すみれ」……。読んだことはないけれど、いつもの決まりきった顔をして私を迎えてくれています。

奥に進むとハードカバーが並んでいて、「博物誌」、「ラボアジエ伝」など。ふと見ると「キュリー夫人伝」という背表紙が見つかりました。取り出してみると、何とキュリー夫人の顔がギュッと半ば睨みつけてでもいるように私の目に飛び込んできます。白水社か、よし奮発しよう！　一瞬にして彼女は私のこころを捉えてしまったのでした。入学記念の品だ！　と抱きしめながら帰りました。

その本は彼女の二番目の娘、エーブ・キュリーによって書かれています。二番目と書きましたが実は三番目の娘でした。二番目の娘は生まれてすぐに亡くなっています。

その日から夢中になって読みました。詳しいことは忘れましたが、なんといっても私の気に入った箇所は、夫人が娘達に対して「何よりも大事なのは自由だ」と言い聞かせたところでした。なんと素晴らしい母親だろう！　そのようなことを言える母親はなかなかいないのではないかと思いました。

私は想像しました。それはどのような場面だったのだろう？　ある日、夫人が庭のよく見える白い窓枠に、外の緑がよく映える窓辺でゆったりと椅子に腰を下ろし、テーブルの紅茶をそっとすすりながら、たまにしか会えない娘にしみじみと語りかけるように、「何よりも自由が大切よ」と言ったのではないだろうかと……。

私はその言葉を自分の魂に揉み込むように本の上に顔を伏せて、暫く目をつぶっていました。あの時の感動をいまも時折思い出します。

しかしです。自由とはなんとも厳しく、時には自分の命と引き換えにしなければならないこともあると知るには、その後、半世紀以上の時を待たなければなりませんでした。それは父の死を想像するときに思い浮かべたことでした。

父はシベリアに連れて行かれ、とてつもなく日本から遠く、とてつもなく寒いところで命を落としたのです。ひょっとして父は、帰国を条件に何事かを突きつけられ、自分の魂の自由と命とを引き換えにしたのではないかと、想像したことでした。そんなとき、私はこの「自由」という言葉を前にして涙ぐんでしまったのでした。

2 ニュートンと調和

高校一年のある日、図書館でニュートンの伝記を見つけました。男性なのに巻き毛を肩まで伸ばし、立派な服を着て、少し不機嫌そうな顔をして立っている絵が気になりました。

読んでみると彼は不幸な少年時代を送り、おまけに世の中が宗教対立などで騒然としているところへペストが大流行、バタバタと人が死亡。それを避けるため、彼は生まれ故郷に引っ込み、りんごの木の下で考えます。

「なぜ枝を離れたりんごは、横に行ったり上に行ったりせずに、下に落ちるのだろう?」これは有名な話ですが、なぜ横に行かないのか、又なぜ上に行かないのか、これにはきっと理由があるはずだと、疑問をそのままにせず徹底的に考え抜いたところがすごい! 考えてみれば、枝を離れたりんごは上に行ってもよいではないか。本当にニュートンはすごい! 私も「疑問を大事にする」「当たり前と思っていることでも疑ってみる」ことに、努めようと思ったものでした。

地球とりんごの関係を突き詰めた上、さらに沢山の科学的な業績を残し、「プリンキピア」という本を書き、そしてこの本の終わり方がとても印象的でした。

最後の一行に「ああ、神様はなんという素晴らしい調和でもってこの世界を創りたもうたことか」と、ここで終わっています。

私はすぐさま窓を開け空を見上げました。ついこの間まで夜空の星は勝手にその辺りに浮かんでいるものとばかり思っていましたが、全ての星があるべきところに存在しているということは、なんという壮大なバランスなのだろうと思いました。

その時の感動を今も思い出します。そして今も考えます。宇宙の中のかけがえのない地球の上で、どうして未だに戦争やテロがなくならないのだろう？　もうそろそろ戦争時代の反省を踏まえて、出来る限り武力による問題の解決を避け、努力し、この小さな地球の上にうまく調和を作り出すことは出来ないものだろうか？　どうすればバランスが取れ、落ち着くのだろう？　この悩みは深刻かつ今後も悩み続けなければならない問題です。

この悩みが慰霊碑を建てる一つのきっかけとなったと私は思っています。私なりにできることをしたいと強く願ったからです。


そしてもう一つ。この本を読んだおかげで知った人がいます。ニュートンと同時代を生きたジョン・ロックです。彼は自然権としての生存の権利を主張しました。なんと私は慰霊碑にこの言葉を刻むことになるのです。「生存の権利」、こんなに「美しい」「重い」言葉があるだろうか、これは個人として生きる権利があるばかりでなく、お互いに殺しあってはいけないという強い戒めも含んでいて、「忘れてはいけない言葉」として胸に刻みました。その言葉が何十年もの時を超えて、私の心に蘇ってきたのです。慰霊碑を建てるときに私は迷わずこの言葉を選んだのでした。
＊現代においてはニュートンの時代と違って、宇宙は流動的と考えられています。

3　母と親孝行

私が子供の頃の母の記憶といえば、ネクラな人だったということでしょうか。それも仕方のない事だといえましょう。明るくいられるはずがありません。何しろ終戦の翌日から何千キロもの道のりを、いたいけな幼児を連れ、樺太から山口県まで逃げたのですから、今日知る難民の姿と似ていたといえるでしょう。しかし、違うところは、母は夫の故郷に向かって逃げたのに対し、現在の難民は自分の故郷から逃げてゆくのですから、更にその苦渋は厳しいものに違いありません。私はそんな姿を見ながらふと思います。

国とは一体なんだろう？　本当に国家とはなんだろう……いつかその答えを知りたいと思いつつ、未だみつかりません。いつまでも探ってゆきたいと思っています。

ところで母は、夫の消息不明や自分の体調不良、そして仕事のいざこざと、挙げ句の果てには夫の死を知ることとなり、ネクラの極致にいたのだろうと思います。あまり口も利かず、眉をひそめいつも考え事をし、ため息をついていました。そんな母に倣って、私もネクラでしたが、それでも私は先生や友達に恵まれ、思い出多い子供時代を送りました。小学校高学年担任の土屋先生には今も感謝しています。

母がようやく明るさを取り戻してきたのは、私が高校に入ってからで、昭和三十三年十二月二十三日付で横浜市役所に正式採用されたからです。給料も安定し、ボーナスももらえ、やれやれでした。いつも顔を合わせることができなかった母でしたが、機嫌のよい時にはぽつりぽつりと思い出話を語ったり、自分の考えを話したりしました。母がとりわけ強調したのは人間にとって大事なことは親孝行をすることだ、ということでした。他に取り柄はないけれど、親の言うことに「ノー」という言葉を一度も言ったことがないというのが母の自慢でした。そして何より私を驚かせたのは、結婚も親の言うとおりにしたということでした。

ある時親に「昔、呉（広島県）に居た頃、近所に住んでいた良穂君という人がいただろう？　良い青年だと思うが」と言われ、「お父さんお母さんのよろしいように」と返事をしたというのです。私はすぐさま反論しました。「お父さんお母さんのいいようにと言ったって、結婚するのは自分でしょ？　自分はどうなのよ。自分は！」と言うと、母はその当時思っていた自分の気持ちを話し始めました。自分と違って、親はいろいろな人生経験を積んでいる、その親が可愛い娘の為に精一杯考えてくれた縁談に間違いはないだろうし、その縁談を受けることは、親を安心させることにもなり、自分も幸せになれ、親孝行ができると考えたというのです。「じゃあ聞きますけど、もしその結婚がうまくゆかなかったら、それは親の責任だと思う？　それとも自分の責任だと思う？」と訊くと、母は暫く考えて「うまくゆかないはずはないと思う」と答えました。私は呆れて、何なんだろう……この人は、と思いました。

今考えると、私と母が言い合っていたというよりも、大正と昭和が言い合っていたといったほうがよいのかもしれません。私は親孝行に縛られるなんてまっぴらだと思いました。そのくせ、その半世紀後、私はなんとしても母の苦しみや悲しみを少しでも和らげたい、と母の遺言ともとれる「ノリリスクに日本人慰霊碑がほしい」、という想いを実現させるために、苦労に苦労を重ねました。親孝行がしたかったのかしら？

4 いないほうが良かった？

小学六年の頃でしたでしょうか……私は生まれなければよかったのでは、と考えたことがありました。私がいなければ、母はまだ若いし再婚して新しい幸せを見つけ、苦労しなくてもすんだのではないかと。私のために働いて、疲れて帰ってくると思いつめたような表情を見せ、なにか晴れ晴れとしない毎日の繰り返しでした。私は私でお母さんの手にぶら下がるようにして買い物に行く友達の姿が羨ましかったり、家族で遊園地に行った話や、お母さんと料理を作った話や、縫い物を教えてもらった話を聞くと、自分は親から見放されているのではないかと思いました。自分のいることの意味が、ふと希薄に感じられることがありました。今考えると父親がいなければいないなりに、どう生きてゆけばよいのかをしっかり考え、人以上に強く生きなければいけないと自分に言い聞かせ、鍛えてゆけばよかったものを、そんなことを親子で考えるゆとりさえなかったのでした。

しかし母は私がいたので頑張りぬくことができた、ということをつい最近知ったのでした。毎日新聞の青島さんがその手がかりになるものを見つけてきてくださいました。それはかなり昔の「樺太連盟」という小さな新聞でした。そこには樺太関係者の投稿などが載せられ、母の書いたものも載っていました。「子供が父親に会いたがっています。早く消息を探し出して下さい」。母の懸命な投稿が載っています。思わず落涙してしまいました。

私はこの十一年間、慰霊碑建立がどんなに行き詰まった状態になろうとも、決して涙など見せたことがなかったのに、しかも人前で涙など見せたくなかったのに、どうにも涙を抑えることができませんでした。

当時父を憶えていない私が、父に会いたがったかどうかは別として、母は私を父に会わせてやりたいと、そして子煩悩だった父にどうしても私の顔を見せたいと、一生懸命だったのだと思います。母は縫い物などを教えてはくれませんでしたが、私達親子特有のしなければならない生き方を黙って教えてくれたのかもしれません。

きっとそうだろうと思います。そうでなければ、私は自分の不確かな力で、慰霊碑建立という大きな課題に立ち向かってゆこうとは思わなかったことでしょう。今更ながら母は「すごい人」だと思います。そして、母をそこまで動かした父もきっと「すごい人」だったのでしょう。私はやっぱり生まれてきてよかったのだと思います。そう思えるように、私の命を誕生させてくれた両親に今は感謝です。

5 記者さんたちとの出会い

突然ですが、記者さんたちとの出会いを書きます。二〇〇四年頃から少しずつお付き合いが増してきますが、どの方も素晴らしい方ばかりです。ここで言う記者さんとは新聞記者であったり、雑誌記者であったりテレビ局記者であったりします。

その昔、一九五〇年代後半から六十年代にかけて「事件記者」というテレビ・ドラマが人気でした。私の友人たちも大勢見ていて、今でも話すと「ああ、あれね」と話は通じます。

事件が起きます。記者たちは綿密な聞き込みにより犯人を突き止め、警察発表のある頃には、記事が出来上がっているという俊敏さです。かっこいいなあと憧れの眼で見ていました。もちろんドラマなのですが、それが記者というものなのかと思い込んでいました。しかしその後、本物の記者さん達と出会うことになります。それは私がシベリアのノリリスク市に日本人慰霊碑を建てようとしていることを何処かから聞きつけ取材を申し込んでこられたからです。

どの方もシベリア抑留に関して綿密に調べていらして本当に驚きました。私は遺族なので、どうしても慰霊碑を建てたいという思いが強く、抑留に遭い亡くなった方々の無念の思いや遺族たちの悲しみは少しはわかっているつもりでした。記者さんたちは関係者ではなくとも抑留に至るまでの経緯や抑留地の広がりや背景などを綿密に調べていらして、私は抑留の問題の深さを知ることになります。

私は本当に不思議な気持ちでした。私は遺族なのでやむにやまれぬ気持ちで取り組んでいるのですが、関係者でもないのに未だに解決しない抑留の問題点をこれでもかこれでもかと追求されてゆく姿に、尊敬の念すら覚えました。もはや事件記者への憧れとは違う「真実を追う」記者像でした。

それにもう一つ、新聞は大変だなあと思っていました。新聞はテレビにはとてもかないません。何しろ映像で今現在の出来事を見せてくれるのですから、いくら俊敏な新聞記者でもこれにはかなわないでしょう。しかし新聞はもっと違うところで勝負をしていました。

私はいろいろな新聞に「慰霊碑完成」の記事を載せて頂きましたが、どの記事を見ても「文字」の訴えてくるその強さをひしひしと感じました。積み重ねた奥行きを持って語られる、底知れぬ文字の力に圧倒されてしまったのです。文面には誇りと自信をもって仕事をしている記者さん達の顔が見え隠れするのでした。

それを「記者魂を持っている」と言うのだろうと思いました。中には素敵な女性の記者さんもいらしてその姿勢のしゃんとしていらっしゃるところに惚れ惚れとしました。

びっくりしたのはノリリスク市で女性の記者さんに質問を受けた時でした。「私は熱心なロシア正教徒ですが、あなたの宗教は何ですか?」え? そんな質問初めてです。日本人は何でも受け入れる人種なので、クリスマスにはプレゼントを買い、大晦日は除夜の鐘、翌日には神社にお参りをし、最近ではケルトの習慣であるかぼちゃを繰り抜いた飾り物をしてハロウィーンを楽しんだりします。宗教はなんですかと言われても困ります。どうしてもというのなら仏教にしておいて下さい、仏壇に父母の写真が飾ってありますから……、しかし国によって質問の内容は大いに違うことがあるのだという、面白い経験をしました。

6 抑留研究会

パソコンで「ヨクリュウ」と打つと「翼竜」という字が出てきて恐竜の一種と書いてあります。そっちじゃないでしょ、とブツブツ言いながら、もう一度打つと「抑留」と出てきます。

パソコンに文句を言っても仕方がないのですが、翼竜は知っている人が多くいますが、抑留はあまり知られていません。遺族としては少し焦ってしまいます。少しでも知っている人が増えてくれれば嬉しいと、今は慰霊碑づくりの経験を周りの人たちに伝える取り組みをしています。

ところで私は、慰霊碑づくりに取り組みながら、どうしてこんなことになってしまったのだろう、私は前世で悪いことでもしたのだろうか、と思ったこともありました。もちろん本気でそう思ったわけではありませんが、あまりにも物事がうまく進まず、時々何かのせいにしなければやりきれないこともありました。

そんな時、成蹊大学の富田先生が「研究会にいらっしゃい」と声をかけてくださいました。研究会は研究者達の集まりで、私のような何もわからない人間が行ってもよいのだろうかとおずおずと出かけました。二〇一二年四月十四日のことです。やはりなんのことだかさっぱりわかりませんでしたが、しかしこのわからないことの正体を少しでも理解したい、抑留という六十万人の日本人を苦しめたものの正体を、いやそのしっぽの端でもよいから知りたい、と思いながら帰りました。

市ヶ谷の法政大学のボアソナードタワーはとても綺麗で感じがよく、駅への帰り道の土手を歩きながら、春の空気を吸い込みつつ、これも慰霊碑づくりの貴重な一歩になるに違いないと思ったものでした。

その後、わからないながらも殆ど欠席もせず参加するうちにわかったことは、「研究」というものの厳しさでした。日露関係があまりうまくいっていないこともあり、ロシア側にある日本人捕虜（ここではひとまず「捕虜」としておきます）のデータを手に入れることが非常に難しかったのです。富田先生はロシア人協力者の手を借りて、モスクワ公文書館に入り、持ち出し禁止の名簿を手書きで写して持ち帰り、翻訳するといった、聞いただけでも気の遠くなるような作業をされていました。

なんという日露の分厚い壁でしょう。これをなんとか出来ないものでしょうか。他にも沢山の研究者の方々の発表を聞かせていただきました。貴重な研究の数々を是非パソコンのホームページや書籍などで見て頂きたいと思います。今、私が持ち歩いているのは富田武著「シベリア抑留 中公新書刊」です。

というわけで、研究に対して次のようなイメージを持ちました。

例えば奈良時代の仏像の修復は、ゲンブツを変形させないよう気をつけて情報を読み取り、元の形を想像してゆく、そこには息も吹きかけないような注意を払い、仏像を慎重に扱う、そんな作業に似ていると思いました。研究などしたことのない私が、とても緊張しながら時には息を止めるような気持ちで、捕虜名簿の読み取りの報告を聞いたものでした。研究者の方々を尊敬します。

7 どうも気になる

抑留研究会では本当に色々なことを教えていただきました。私がこの会に関わったか否かでは自分の心持ちが随分と違っていたのではないかと思います。その一つが日本人以外の「抑留体験者」、もしくは「抑留に拠る死亡者」のことです。

第二次世界大戦時、日本人兵士に混じって台湾人や朝鮮人やアイヌ人が日本の兵士として戦場に送られ、その挙句死亡したり抑留させられたりしたという体験談や報告を聞きました。

私は憶えていませんが、樺太には朝鮮人がたくさんいたという話を聞いておりましたし、アイヌ人も私の暮らしていたところのすぐ近くにいたのではないかと想像されます。アイヌ人は日本人と位置づけられていますが、樺太で幸せに暮らしていた時期もあったでしょうに、ロシアや日本の都合に振り回されたのではないかといつも気になっているのです。

チェーホフの著書「サハリン島」にギリヤーク人の話が出てきます。現在はギリヤークと呼んではいけないと言われていますが（ニブヒ）、彼らは何を頼んでもきちんと仕事を果たす人たちであると書かれています。因みに彼らは謎多き人々と言われ、アイヌ語は九つあるといわれている孤立言語の一つに数えられ、バスクと並んで謎の人々と言われているそうです。他にもエベンキ、オロチと言った人々が樺太には住んでいました。

私はノリリスクに日本人慰霊碑を建てようとしていましたが、ノリリスクにおける犠牲者は本当に日本人だけだったのだろうかとふと気になりました。一人でも違う国籍の人が入っていればそれをどう表現して慰霊碑を建てたらよいのだろうと散々考えましたが、情報公開はされておらず、調べようにも手がかりが全くありませんでした。

彼らを日本の戦争に巻き込んでしまったその責任の一端を、この慰霊碑で表現できれば少しは罪滅ぼしになるだろうにと思いつつ、わからないものはどうしようもなく、結局「日本人の慰霊碑」にしてしまいました。しかし私がそのことで悩んだこともここに記しておきたいと思います。北原道子さんの「朝鮮人抑留体験者」の研究報告がきっかけでした。

それから話は変わって「抑留」という言葉です。「捕虜」は人を表す言葉ですが、抑留は状態を表す言葉です。すでに日本では定着してしまっている「抑留者」という言葉。時々気になって仕方がありません。逆に使っているような気がします。原爆を受けた人たちは「被爆者」と言い、災害を受けた人は「被災者」と言い、害を被った人を「被害者」と言い、定着していますが、抑留に関してはどうなのでしょう。検討してみてはと思います。

それから抑留に関わる団体がいくつかあります。一緒に集れたらよいのにと思います。私はどちらの団体の人も知っていますが、個人的には皆さん良い方ばかりです。皆さんは本気で私の慰霊碑づくりの相談にのってくださいましたし、慰霊碑が完成した時には心から喜んでくださいました。気持ちは同じなんですけどねえ……。

8 俘虜 捕虜等

私の尊敬する文二先生に時々言葉に関してお尋ねしておりました。お忙しい中にもお教え下さいました。感謝しております。

俘とは「とりこ」、「いけどり」と辞典に載っています。俘囚《ふしゅう》とは同じく「いけどり」「とりこ」「俘虜」となっております。なんと古い言葉なのでしょう、中国の唐時代の唐書に登場しているそうです。

俘虜は「とりこ」「俘囚」とあります。晋書に登場しているようです。「戦争や武力紛争で敵に捕えられたもの」、「いけどり」とあります。

捕虜を見ると「戦争などで敵に捕えられた者」「俘虜」、「とりこ」とあります。「にんべん」と「てへん」の違いはなんだろうと思いつつ、ふと以前読んだ井上靖の「敦煌」という小説を思い出しました。主人公の青年が砂漠を超えて西方へ旅をする途中、まるで投網で魚でもとるように人間を網で捕まえるという場面が出てきます。それを兵士に仕立ててゆくのです。「てへん」とはこれかな？　と思いました。これは私の単なる想像に過ぎませんが……。

それはともかく、シベリア抑留の憂き目にあった人たちを「捕虜」と呼ぶか「抑留者」と呼ぶかで日本で論争があり、そのためお互いに相容れない存在とし反目しておりました。同じ体験をした人たちがそれではよくないのではと、とても「素敵な案」を出してくれた人がいます。「強制収容所に入れられていた人と表現するのはどうでしょう……」と。

これは名案ですね！　なぜもっと早く気づかなかったのでしょう。お互いに一歩ずつ近寄って行ってほしい、同じ苦労をしたのですから。

しかし、その対立の背景にあるものはそう単純ではなく、ジュネーブ条約の解釈に関わったり、自分たちの思想信条に関わったりしていたようですが、それについてはきちんとした説明が書かれている本などを読んでみてください。一口で言い表すことはできません。遺族は当事者でないぶん、一歩引いて見ている面もありますが、残念な思いのほうが先にたってしまいます。

それからもう一つ、ロシア語に関わってくることなのですが、私は「強制収容所」と「矯正労働収容所」との使い分けを知らずにいましたが、「強制」の方はドイツ人や日本人をはじめとするいわば捕虜を収容していた施設で、「矯正」の方はグラークと呼ばれ、ソ連市民で反ソ的な人や外国人で反ソ的な人を「正しく」教育し直すための収容施設でした。それが途中からこの二つが混ざり合っていった部分もありました。終戦時投降した日本人をグラーク建設に使ったという記録もあります。ノリリスクにはユダヤ人の慰霊碑も建っていました。ポグロム（虐殺）は二つの大戦の陰に隠れて続いていたのかもしれません。

それにしても言葉とは難しい……、私のように単純な人間は目を白黒させてしまいます。ため息がでます。
＊グラークはすべてを統括し、ラーゲリは普通に生活でき移動可能、カローニャは重刑者を入れていたという説もあります。

9 旅番組で気晴らし

私はこの十一年間どんなに手を尽くしても、慰霊碑を建てたいと強く思ってきました。考えられることは全てチャレンジしてみよう。それがどんなに小さくとも大きくともです。細かいこと一つ一つを書くことはできませんが、あちこち歩きまわり人に会ったり、調べたり手紙を書いたりメールを送ったりと、様々なことをしました。そんな時、私を励ましてくれた言葉は渡辺和子さんの「この世に雑用という名の用はない、用を雑にした時に雑用は生まれる」というものでした。可能性は自分で作るのだから、面倒がってはいけないと思いました。（渡辺和子さんは二二六事件で殺された渡辺錠太郎さんの娘さんでカトリックの修道女をなさっていた方です）

しかし少し疲れた時は思い切ってのんびりしようと思い、旅番組が好きなのでテレビの前に座り込み、コーヒーを飲みながら観たものです。旅番組はよいものです。自分で行かなくても楽しい気分になれます。ビザもいらない、両替も必要なし。汗をかかずに高いところにも行かれるし、言葉の心配もいらない。しかし食べ物の味はわかりません。それだけは残念！

ある日、東シベリアの遊牧民を訪ねるという番組を放映していました。これは面白そうとばかりに私は目を皿のようにして観ていました。トナカイを追いかけて犬ぞりを走らせ、狩りをする人々の生活に密着したものです。場所の名前も気温の低さも今は忘れていますが、それを日本人ディレクターが同行し取材をします。

寒そうだなと思って観ていましたが途中からなんだかおかしくなって笑ってしまいました。と言うのは、話がなかなか噛み合わないのです。日本人ディレクターが質問します。「おじいさん、あなたは一日どのくらい進むのですか？」おじいさんは目を白黒させています。そして「行けるところまで行く」と答えます。ディレクターは日本人なので一日に決まったキロ数を進むだろうという感覚でいます。ところがおじいさんはその日の天候や、自分や犬たちの体調などを考えると「行けるところまで行く」という答えになってしまいます。

次の質問はメガネをかけたディレクターが、「おじいさん、目が良さそうですね。視力はいくつですか？」またもやおじいさんは目を白黒させています。恐らく視力検査をしなくてもいいほど目がよいのでしょう。検査をしたことがないと思われます。「あの遠くの木の先が二股に分かれているのが見える」と答えます。今度はディレクターが目をこすって「え？　本当ですか？」そんなやり取りを見ているうちアッハッハと笑ってしまいました。

しかしひとごとだと笑っていた私は、その後の国と国とのやり取りがとても難しく、へこたれてしまうことに度々出くわします。ひとごとだとなんでもないと思われることが実は大変だったりするのです。それを乗り越えないと物事は進んでゆきません。まさに我慢の連続でした。その我慢は気圧というより水圧となって私にのしかかってくるのです。それでもその水圧の中でもがき苦しみながら、結果的には慰霊碑建立にもっていったのでした。なんとも長い苦しみの連続でした。

10 笑ってはいたものの

東シベリアの番組を見て笑っていた私ですが、自分も沢山の失敗をしています。ある時ロシアで喫茶店に入りました。まさかアイスコーヒーがロシアにないとは思いもよらず注文してしまったのです。「今日はとても暑いですね、冷たい氷入りのコーヒーをお願いします」。注文を受けたお姉さんは喜んで受けたというよりも、何か一瞬戸惑ったような様子を見せましたが、普段来ない外人が来たからだろうくらいに思っていました。

暑い夏はアイスコーヒーでしょう。私は目をつぶって早く来ないかと待っていました。透き通ったガラスの入れ物にこげ茶色の飲物。氷が入っていてストローでかき回すとカランコロンとまるで風鈴の音のような涼しさをはこんできます。ミルクを入れると面白い軌跡を描いて下に落ちていきます。それを再びストローでかき回すと層ができ、まるでアブストラクトの芸術のようです。アイスコーヒーは音で楽しませ、色で楽しませてくれます。それにしても遅いなあ……、ロシアは時間がゆったりと流れるから来るまで催促せずに待っていよう、とそこへコーヒーがやって来ました。

え？　これがアイスコーヒーですか？　何とコーヒーカップに入ったホットコーヒーに氷がプカプカと浮いています。今度は受け取る方の私が戸惑った顔に見えたことでしょう。それでもせっかく作ってくれたのだからと「スパシーバ（ありがとう）」と言って受け取りました。この奇妙な飲物を味わいながら、私はなにか変な発音をしたのかな、とどうしても解せない気持ちでいっぱいでした。

そういえばロシア語にコーヒーと言う単語はあってもアイスコーヒーという単語はなかったっけね。寒い地方の人たちは飲まないのかしら……、いろいろ想像をしました。

ロシアから帰国した私は夫と息子たちにおみやげのバルチカセブンというビールを渡しながらアイスコーヒーの話をすると、息子たちは笑いながら「アイスコーヒーは日本人の発明品だよ。恐らくどこの国に行ってもないんじゃない？ インスタントコーヒーも日本人の発明だよ。あ、ついでに言っておくけどナポリタンとかラーメンとかバイキング料理と言っても多分通じないよ」「茶碗蒸しもね」「茶碗蒸し？ それくらいわかっているわよ」

今ではチェーン店のコーヒー屋に入ると飲めるそうですが、日本人は器用ですね。アイスコーヒーを考えだしたのですから……、そして肝心の日本人である私がそれを知らなかったなんてちょっぴり恥ずかしい。アイスコーヒーの季節がやってくるたびにあのロシアの喫茶店の事を思い出します。

11　今度は日本で

失敗談には切りがありません。ある時、友人千明さんのロシア人友達、ナターリヤさんがモスクワからやってくるというので、千明さんに代わって一日お付き合いをすることになりました。「ロシア語も英語も話せないからね」と、千明さんに最初に念を押しておいたのですが、日本に一人で来るくらいだから、多少の日本語はわかると思うと言うので引き受けました。ところが会ってみると日本語は「サフセームニェット」（まったく話せません）と言います。

ウワッと思いましたがこんな時、自分の乏しいロシア語力を最大限活用して頑張ってみよう、どこまでと思いました。

出来るかやるだけやってみよう、ひょっとして千明さんは私にそんな機会を作ってくれたのかもしれない

その年は紫式部が源氏物語を書いて千三百年。あちこちで記念のイベントをやっていました。私はナターリヤさんに、一番日本らしい他の国では見られないものを見せてあげようと、目黒の雅叙園に連れてゆきました。そこでは源氏物語の人形を展示して見せていました。エレベーターにまで和風の模様が施されているので、彼女は珍しそうに見ていました。源氏物語を知っているかと訊くと知っているとのことです。ロシアには日本の古典を愛している人が多いそうです。

そこで一つ一つ説明をしてゆきました。会場の入り口で「これは『ふすま』といって、ドアの様なものです」。また彼女が見入っている先を見上げると、天井は百花繚乱。日本人の美意識とはどんなものか少し感じてくれたのではないかと思いました。そして「彼がエンペラー一条で隣にいるのが妻の彰子《しょうし》で、二人は本を読んでいます」などと説明してゆきました。

小一時間見て歩き、外の喫茶店に入りました。「日本の食べ物では何が好きですか?」と尋ねると彼女は「オー、スーシ、モスクワには沢山のスシレストランがあります」。そこで私は「回転寿司を知っていますか?」と聞きました。「スーシが回転する?」、と訊くので慌てて、皿の上のスシがベルトに乗って一定方向に移動するのだというと、彼女は何のことだろうと思ったようで、余計に糸をもつれさせたようです。食べ物の説明は思ったより難しく、例えば筑前煮の中に入っているこんにゃくやがんもどきを、どう説明すればよいのか困惑します。そこで私はロシアに行く時は、予め料理の名前を憶えていくようにすればよいと考え、アクローシュカだのサリャンカだのと憶えたものです。

食べ物の話などは笑って済ませられますが、抑留の話となると誤解を受けてはなりません。日本人の気

持ちを理解し、ロシア人としてきちんと抑留というものを捉え、両国の橋渡しが出来るロシア人の出現を私は心待ちにしていました。私を助けてくれた在日ロシア人はたくさんいましたが、仕事の都合や結婚や出産など事情があり、たちぎれになっていました。しかし私はとても感謝しています。ロシア人がどんなに心優しく信念があり、良い人たちであるか身を持って知ることが出来ました。今でもその一人ひとりの顔が浮かびます。ずっとずっと忘れません！　階段を少しずつ上っていく役割を果たしてくれたと思っています。

ありがとう！

12 犬を連れた奥さん

これはチェーホフの有名な短編ですが、若い時に日本語で読んだ時はあまり感動もせず、チェーホフはさぞモテたのだろうなと思っただけでした。若い時のチェーホフはびっくりするほどイケメンで、しかも医者で文学者ときているのですからモテないはずはありません。

奥さんのオリガ・クニッペルはヒヤヒヤし通しだったのだろうと想像しました。ところがその後何十年も経って、六十歳を過ぎた私がたまたまロシア語学校に通っていた時、教科書に「犬を連れた奥さん」が載っていて、私はロシア語でそれを読むはめになりました。といってもほんの一部で二、三ページでしたが、まだまだ習いたての私にはとても難しいものでした。

家で予習をするのですが、一文を訳すのにとんでもない時間を要しました。一文の中にいくつもの読点が含まれていて、それが並列なのか、何かを説明する役割を果たしているものなのかと何度も頭をひねりました。

こんな時は少し頭を休めようと、ノートから目をはなし、窓越しに見える庭の木々を見つめたその時です。ノートの表面から何か文学の香りのようなものが立ちのぼってくるのを感じました。とても不思議な感覚でした。きっとわからないなりに言葉を一語一語、反芻していたのかもしれません。苦労しながらとてつもない時間をかけて読んだ「奥さん」は、以前読んだものとは別物となって私の前に現れました。

これは私の感想に過ぎないので、正しいかかどうかはわかりませんが、これは恋愛小説ではないと思いました。「奥さん」を書いた当時、肺結核を患っていたチェーホフはヤルタに静養に来ていたのですが、世の中が確実に変化しつつあることを感じていました。その世の中に対してどうにも出来ないでいる自分と向き合いながらこの作品を書いたような気がします。

登場人物である「奥さん」と呼ばれるアンナ・セルゲーエブナは愛するロシアそのものです。なぜなら「ロシア」はロシア語で女性名詞に属します。アンナの帽子を風が吹き飛ばしたり風が舞い上がってほこりが立ちのぼりアンナを苦しめます。アンナの周辺でアンナを不安にする出来事が譬え話のように色々と書かれています。貴族の滅びをいくつも書いているチェーホフの晩年の心境を書いているように思われてなりません。

どうしようもなくロシアを愛しているのに、そのロシアがどうなってゆくのかわからない、いや確実に滅びに向かってゆく、その気持がよくわかるように描かれています。この作品を書いてチェーホフは、体調を崩した奥さんの看病をするために駆けつけ、そのために今度は自分が体調をさらに悪化させ亡くなってしまいます。実はヒヤヒヤしていたのは奥さんよりもチェーホフの方でした。

これは私が慰霊碑をいつか建てたいと思って、その手がかりになればと学んだロシア語がもたらした、思わぬ副産物の一例です。物語を筋だけ追っていた自分を思い出しました。そしてロシアには素敵な人がたくさんいるのだと、新しい出会いを心待ちにするようになっていました。それがやがて会うことになる、若く美しい女性であろうとはその時は想像もしていませんでした。因みにチェーホフはどうやら日本好きであったようで、「奥さん」の中に日本の小物が登場します。日本のビールも飲んだことがあるそうです。

13 スポーツジムに通い続ける

二〇〇二年二月十九日、母が他界しました。しばらくぼんやりと過ごしていましたが、人の勧めで近くのジムに通い始めました。気が紛れるし食欲は増すし、夜はぐっすり眠れるし何よりも気持ちが前向きになってゆくのを感じました。気持ちが前向きになると断然慰霊碑づくりへの意欲も芽生えます。どうしたら慰霊碑が出来るかを追求し始めます。それと同時にノリリスクの厳しい気候風土も目に浮かび、何としても健康を維持しつつ現地に到達しなければならないと、今度は体を鍛えておくことも大事だと思うようになりました。

以前行った時のあの寒さ、車に乗っている時の体が持ち上がってしまうほどの悪路と長い道のり、それに耐えなければなりません。寒さで足がつらないよう、雪道や氷道で転ばぬよう、そして徹夜や食事抜きは覚悟しなければなりません。何しろ国際時差と国内時差をくぐり抜けてゆくのですから……、加えて東京とノリリスクの気温差は三十度以上もあります。東京でTシャツを着ていてもノリリスクではオーバー、マフラー、帽子に手袋、防寒靴などと用意が大変です。雪が降っている可能性も考えサングラスも用意します。それをトランクに詰め、自力で運ばなければなりません。エレベーターやエスカレーターのないところもあります。多少の腕力が必要です。十時間以上飛行機に乗るのでエコノミークラス症候群にも気をつけなければなりません。そして体が弱ると気持ちも弱ってしまうことを何よりも恐れました。というわけで、ジムに行った時は身体を柔軟にしておこうと脇目もふらずにただひたすらストレッチに励みました。ああ、今日もまだ体は動く、ノリリスクに行ける、と毎回自己満足でした。

ある時ふと周りを見回すと、いろいろな人が来ているのに気づきました。Tシャツの背中に有名なマラソン大会の文字のある、鍛えに鍛えぬいた人がいるかと思えば、リハビリに来ている人もいます。おしゃべりが楽しくて交流目的で来ている人もいれば、優雅にハワイアンを踊る人もいるし、太極拳で剣舞を舞っている人もいます。皆違うことをやりながらお互いを認め合い、干渉せず和気藹々とアットホームな雰囲気の中でそれぞれ楽しんでいます。

知らない人同士でも挨拶を交わし、別れ際にはお疲れ様と声をかけます。何とよい雰囲気なのだろうと思いました。そういえば受付のお姉さんたちは私の慰霊碑作りを励ましてくれていましたし、慰霊碑が完成したことを知って、「おめでとうございます！」と声をかけてもくれました。抑留に関する演劇のチラシを置かせてくれたこともありました。通ってくる人の中には「慰霊碑ができてよかったですね」と、そっと声をかけてくれる人もいました。きっと新聞で知られたのでしょう。ジムは私の大事なご近所様です。今は鍛えるというより楽しくて行ってしまうところです。私の住んでいる地域になじんでいる存在ですが、二〇一七年七月をもって閉鎖され、新しく大型化されて再開です。また新しい環境に慣れていかねばなりません。

14 今日は父の誕生日

明治四十四年（一九一一年）二月十三日は父の誕生日です。実は恥ずかしながらどこで生まれたのかを知りません。手元にある父の資料にそれが載っていないのです。想像するに祖父の故郷山口県仙崎だったのではないかと思います。祖母がそのようなことを言っていたような気がします。そこは金子みすずの故郷でもあります。その後広島県呉市に移り住んだのは、祖父が呉の海軍に所属することになったからです。父の資料に広島県立呉第一中学校卒業とあります。

その時私の母の実家は、海軍工廠に勤める母の父親の都合で呉市にあり、父の実家と母の実家は海軍つながりで近所付き合いをしていました。結果的に父と母は結婚することになりますが、年が九才も離れているし、遊んだこともなく、お互いに憶えてもいなかったようです。その後、父は呉市から母親の故郷山口県防府市に一家（父親 母親 弟 末弟）で移り住みます。

そこは俳人種田山頭火の故郷で、私はある意味このどうしようもない山頭火が何故か好きで、どうしようもないからこそ生まれた珠玉の句に、これが人間の持っている業かと感じてしまうのです。

中でも好きなのは、「雨ふるふるさとは はだしであるく」です。涙が出そうになります。大地主の家に生まれながら家が傾き、親は酒造業を始めるも、山頭火の代で失敗、妻子を連れて熊本に逃げるように移り住みます。故郷からはあまり良く思われていなかったようです。ひょっとして履物を持っていたかもしれないのに、あえて足の裏に故郷を感じてみたいと、自分に冷たい故郷を踏みしめながら歩いたのかもしれません。乞食坊主と呼ばれていたようですが、今は全く違い、故郷は山頭火の魅力をとても大事にしています。

ところで父の話に戻りますが、父はその後山口高等学校に進みます。その頃読んだ英語の本が残っています。「ハミルトンのエッセイ」と題がついていて、持ち主の名前に渡邊良穂文ニ甲と書いてあります。ところどころ赤線が引いてあり、書き込みもあり、父がのめり込んで読んだ様子をうかがい知ることが出来ます。母はこれを父の実家で見つけ、いつまでもいつまでも大事にしていました。母の持ち物の中から出てきました。

父はどうやら英語が好きだったようで、その後抑留の身になった時、この英語力がどうやら役に立ったようです。同じノリリスク収容所に居た浅付昭三さんの証言によると、英語のできるロシア人とのやり取りのなかでロシア語を身に付けていったとのことでした。

私は時々この本を取り出し、父親というものを感じてみたいと、本の表紙をさすってみるのです。父にも青春時代があったのだなあと思います。もう一

高校時代の父（2列目右から3人目）

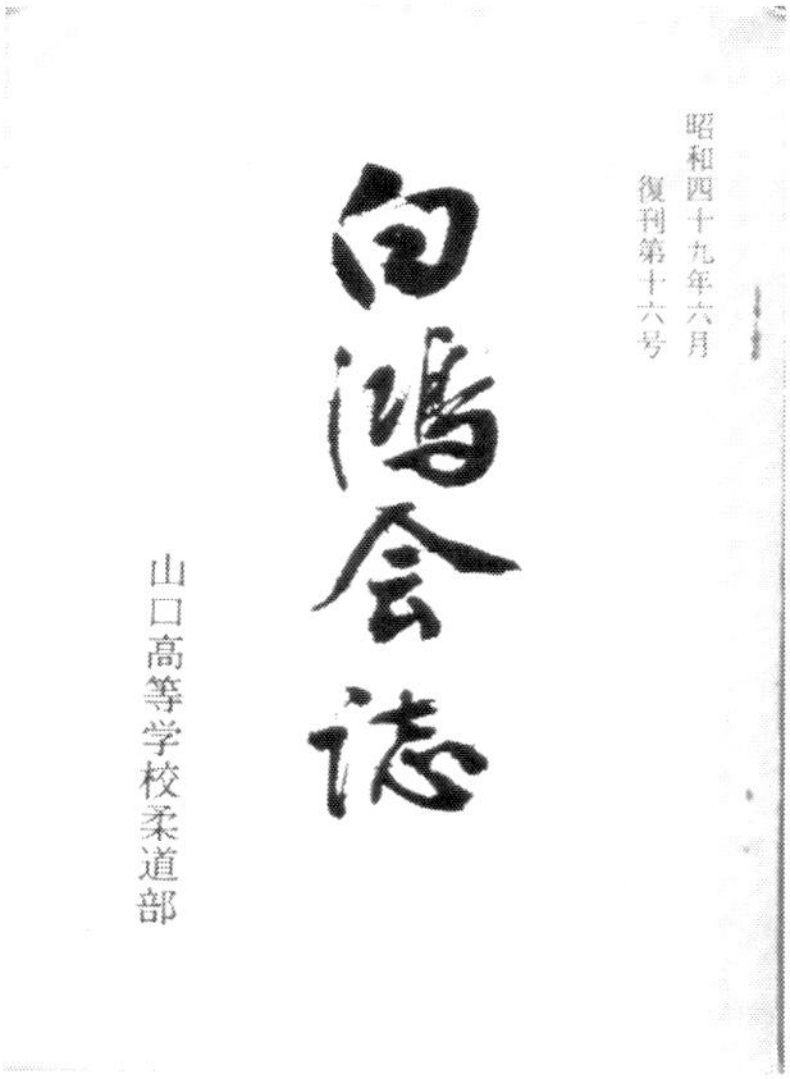

卒業後も長く続いた山口高等学校柔道部の会誌

ハミルトンのエッセイ集

白鴻会第７回大会 48.9.23（２列目右から６人目が母）

つ、父は高校時代に柔道をしていました。今も残る寒稽古の際にもらったメダルは色が変わり真っ黒になっていますが、「柔」とあり、山口高等学校柔道部と書いてあります。これも母の大事な持ち物でした。このメダルがやがて空を飛ぶとはメダル自身も思わなかったことでしょう。その話はやがてこの先で登場することになります。

私はメダルと母の真珠のイヤリングを持ってノリリスクに於ける慰霊碑の除幕式に臨むのです。メダルは黒ずんでいるので印刷不可能でここには載せられません。そして山口高等学校の友情は長く続き、母は「白鴻会」と言う柔道会の会誌を読み、思い出を語る大会にも招かれ、父は「ぼんさん」と言うアダ名だったことも教えてもらったそうです。

15 巡り来る母の命日

二〇〇二年二月十九日、母はよほど父のことが頭から離れなかったのでしょう。父の誕生日の近くの日を選ぶようにこの日を決めたのでしょう。逝ってしまいました。

母が生と死の狭間にいる時、私は只気をもみ続けましたが、どうしようもありません。母が永遠に生きるとは思っていませんでしたが、それでも母がいなくなるという現実をどうしても信じられませんでした。

生田春月がこんな言葉を書いています。「さようなら」という言葉ほど無限を思わせる言葉はない、すべての美しい言葉のうちでこれほど私の魂を震盪する言葉はない、と。

その最上級の言葉「さようなら」が私達家族と母の間に訪れました。暫くは泣いていましたが、ふと父と母は天国で無事会えたのだろうかと心配になりました。何しろ三十代で他界した父と八十代になった母はお互いにうまく見分けがつくのだろうかと。そしてなんとか探し当てた父と母は、その後の出来事をいくら話しても話し足りない思いで語り合っていることだろうと思いました。でも、もうずっと一緒だねと少し安心したかもしれません。

ずっと一緒と安心したのは父と母でこちらはそうはいきません。母の家に戻るとテーブルの上に母に食べさせるために私が書いた献立表がそのまま残されていました。ご飯三分の一膳、トマト一切れにドレッシング、ワカメ、ネギ、豆腐入りの味噌汁、千枚漬け一切れ、松の実二十粒、苺一粒、炒り玉子、小女子の佃煮、レタスとしらす干しの煮物、きゅうりとナスの漬物一切れずつ。

その側に食べたり食べなかったりと小さく鉛筆書きでメモがあります。この食事をしていた時には確実にここにいたのに、本当に母はもういないのだと悲しみが更に増します。鶏のミートボールを生姜スープで味付けしたおじやは大きめの茶碗で食べてくれ、その時の母の自慢気な「ほら今日はすごい食欲でしょ」と笑った顔がついこの間の出来事のように目に浮かんでくるのでした。

日が経つにつれ母を恋しく思う気持ちは強くなるばかりでした。写真になってしまった母は「恋しかったら訪ねて来なさい、私は父さんと一緒にロシアの暗い苦い大地にいますよ」と言っているように思えてなりませんでした。そういえば散骨して欲しいと言っていたけど母さんはノリリスクに骨を埋めて欲しいのだろうなとそう思いました。その後ノリリスクに行く道を開いた私は、母に次のような言葉を贈りました。母の死から二年が経過していました。

かあさん!
とうとう行けるよ ノリリスク
外人入れないロシアの地 行きたい気持ち一筋に
何十回も人訪ね その都度諦め 帰り道
母さんの笑顔が浮かんだよ
静かに首を横に振る
諦めるなと言うんでしょ?
静かに縦に首を振る
枯れ葉が音立て
去ってった

とうとう行けるよ ノリリスク
再び行けるよ ノリリスク
ノリリスクへの道をこじ開けた!
母さんの遺骨と行くんだよ!
父さんのところに行くんだよ!

私の願いはただひとつ

父さんの大地に溶け込んで
平和の願いを伝えてね「戦争は絶対にいけない！」と
永久に永久に伝えてね

こうして二度目のノリリスク行きを果たしたのでした。
その時の写真が出てきましたので載せておきます。

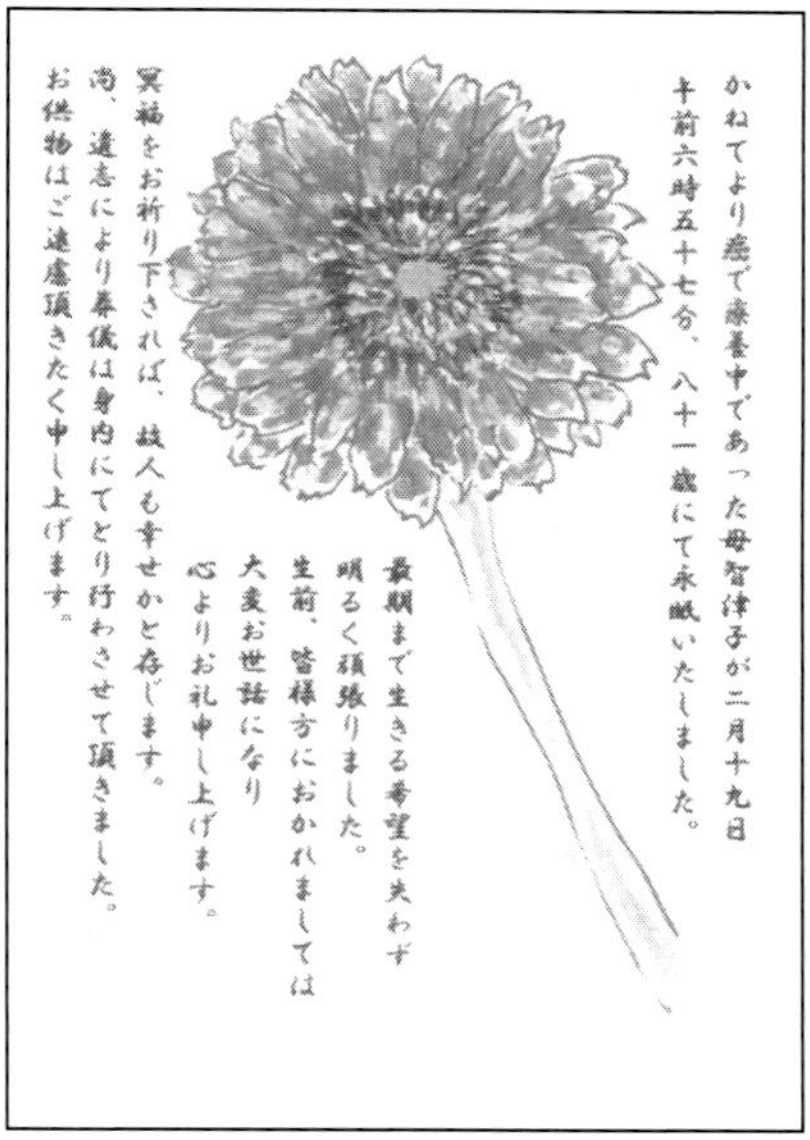

かねてより病で療養中であった母智津子が二月十九日
午前六時五十七分、八十一歳にて永眠いたしました。
最期まで生きる希望を失わず
明るく頑張りました。
生前、皆様方におかれましては
大変お世話になり
心よりお礼申し上げます。
冥福をお祈り下されば、故人も幸せかと存じます。
尚、遺志により葬儀は身内にてとり行わさせて頂きました。
お供物はご遠慮頂きたく申し上げます。

花が好きだった母のために、筆者が花を描き、
お世話になった方々にお知らせした

2004年ノリリスクのゴルゴタ入口にて

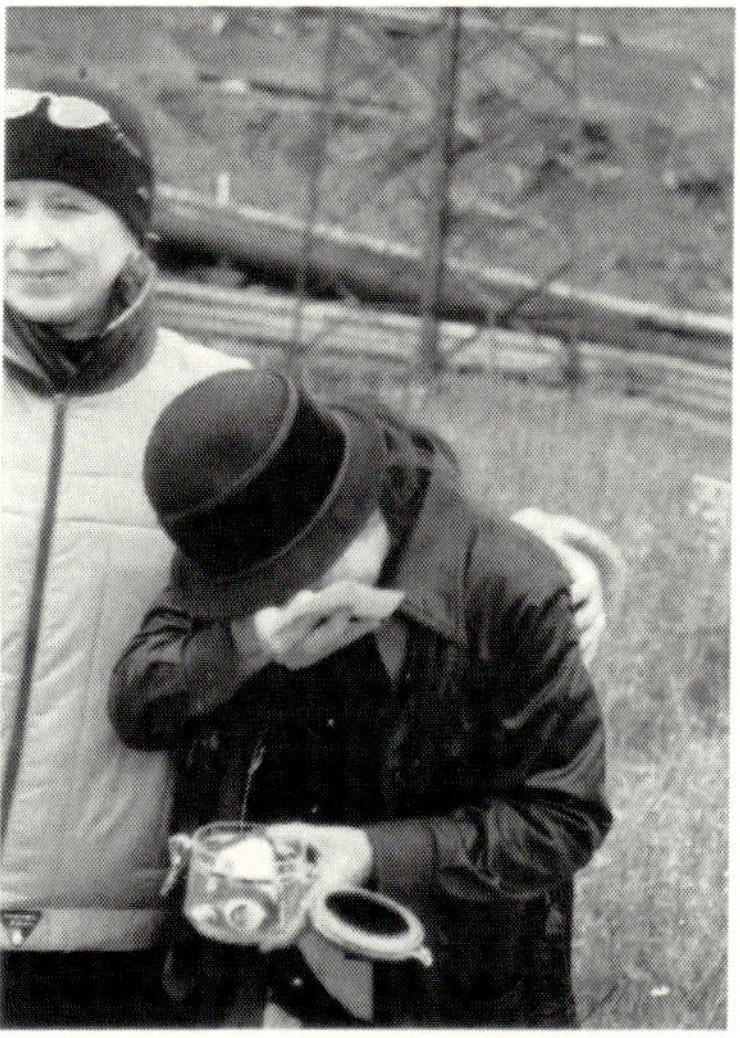

2004年ノリリスクにて（母の骨を散骨、
隣は通訳のマリーナさん）

奥に見えるのは、ポーランド碑（筆者と通訳マリーナさん）

母の骨の入った容器

16 祖母の死

母の十四回目の命日は、暦を見ると「雨水 霞初めてたなびく」とあります。梅の季節でもありました。その翌年から母に代わって梅見の続きをしなくてはと思うようになりました。毎年欠かさずに観ています。ところで押し入れの中で探し物をしていたら、祖母が他界した時の事を私が書いたものが出てきました。もう二十年以上前のことです。祖母は穏やかに旅立ちました。戦争がなければゆっくり生き、ゆっくり旅立つことが出来るのです。

ここに書き写してみたいと思います。

祖母は九十歳を過ぎて寝たり起きたりの生活をしていた。度々向こうの世界に行きかけ、周りの人間をヒヤヒヤさせもした。熱が出た、お腹をこわしたなどである。祖母は向こうへ向かってゆっくりと歩き始めるのであるが、途中で気が変わるらしくクルリとこちらを向いて静かに歩み寄ってくるのである。ホッとしてこちらが気をゆるめた頃、また静かに行こうとするのである。そんなことを繰り返していたがこの度はどうも戻ってきそうもない。少しずつ確実に遠ざかってゆく。この世界よりも向こうの世界に新しい魅力でも見つけたかのように、まるで強い意志の力に支えられて歩んでいるようにも思える。もはや声も出ず、目も開けられない。手を握っても握り返す力もない。薄目をあけているその目は傍らに温かい人間のぬくもりを感じながら夢でも見ているように時折動いている。そうなのだ。以前自身で詠んだ俳句の世界が次々と現れてくるのだ。

小さい笑い声とともに一斉に芽吹く若葉達、赤いベンベの地蔵様、風鈴に体当りしてくる冬の風、ひっそりと孤独に耐える冬椿、時折ご機嫌伺いに訪れる近所の猫、道を通る人の話し声、知らん顔して去ってゆく庭の虫、慣れ親しんだ愛読書、西洋の昔話、夕日が飛び移ったかのような赤い柿、自然が泣くのか静かに降る雨、居心地が良くて住み着いたガマガエル、手こね餅を投げたような夏の雲、いつまでもヒソヒソ話をやめない落ち葉たち、一本では決して綺麗とは言えないのに集まると非常に美しい花々、そんな世界がまるで虹のように輝きながらユラユラといつまでも揺れ続けている。まるでこれから新しい宇宙でも作ろうとしているかのようだ。何と楽しい……と思わず祖母は笑った。口元が静かに動いた。「有難い」とも「有難う」とも読み取れた。その数日後祖母は逝ってしまった。戦争のおかげで苦しいことの多かった人生ではあったが、祖母の死は穏やかであった。

時々祖母を思い出します。このように自然にあの世へ逝けたらと思います。

17 昔のノリリスク

このあたりで日本人たちがノリリスクに抑留されていた時代の貴重な資料をご紹介しましょう。ここは父が抑留され、命を落としたところで北緯六十九度の西シベリア、日本人は三百五十人位いたと言われていますが正確な記録はありません。以下の資料は斉藤さんという方がノリリスクから帰国後、ご自分の記憶を元に再現されたものです。ノリリスクの位置も載せておきますが、詳しい地図はロシア版しかありませんので、みなロシア語表記になっています。

日本の地図と見比べる場合はロシア、クラスノヤルスク地方タイミル半島を見ていただけるとよいかと思います。エニセイ河の河口に近いところです。ここまでは日本の地図にも載っています。現在のノリリスクについては本やインターネットで調べるとわかりますが、私が見た二〇一五年十月二日のノリリスクについては、後ほど写真とともにご紹介したいと思います。

他にも往年のノリリスクについて書かれたものがありますが紙面の都合でこれに絞らせていただきます。


そしてもう一つ、これは友人黒澤フクさんの絵ですが、シベリアに飛び立つ白鳥が描かれています。母は生前、白鳥になってシベリアに行きたいと言っていました。「鳥は自由に国境を超えてどこにでも行けるのに人間はダメなのよね」と……、母はなんとしてもノリリスクに行きたかったのだと思います。その思いが強く実際にノリリスクへの道を切り開いたのは他ならぬ母だったのです。

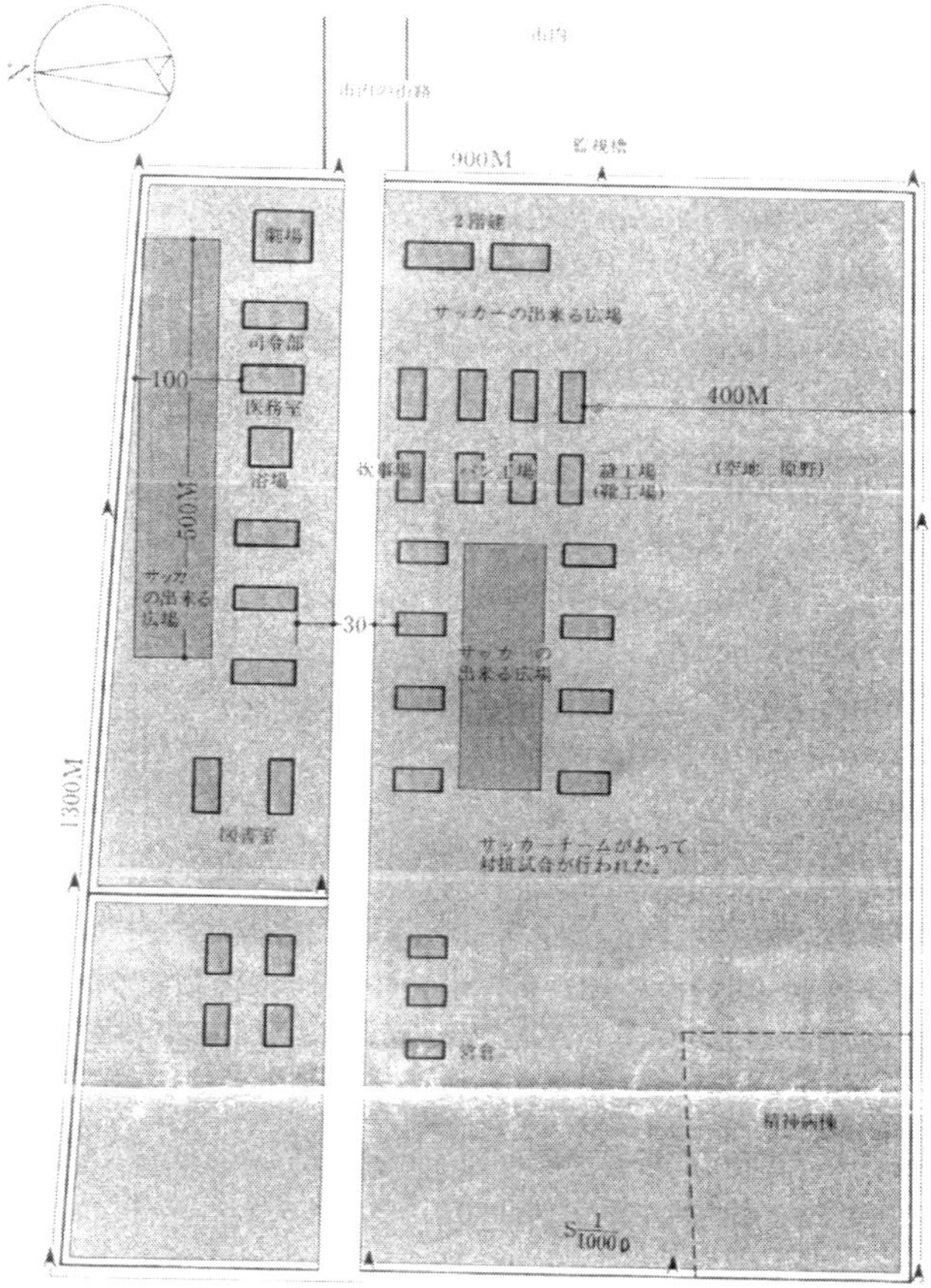

収容所内部図

ノリリスク収容所は、主な建物 35 棟。うち収容者の起居するバラック 25 棟、1 棟平均約 100 名起居。

計 2500 名収容。その他おもな建物は、司令部棟ほか約 10 棟、その他に物置小屋のような小型の建物はかなりあったように思う。ラーゲリ警備兵の詰所は収容所の外に接続していたように思う。ナリリスクの第 5 収容所は、施設の増設によっては、将来 1 万名を収容することが可能であると言われていた。

構内には樹は 1 本もない。原野には、高さ 3m、根本の直径 15cm ほどの針葉樹が生えている場所はあるが、収容所内に樹を植えても枯れてしまった。　斎藤 操

日本人労働者は優秀とされ賞を受けたと書かれている。

日本人女性三名も抑留されている。「北極撫子」と呼ばれ、無事祖国に帰還している。彼女達は樺太の電話交換手をしていた。

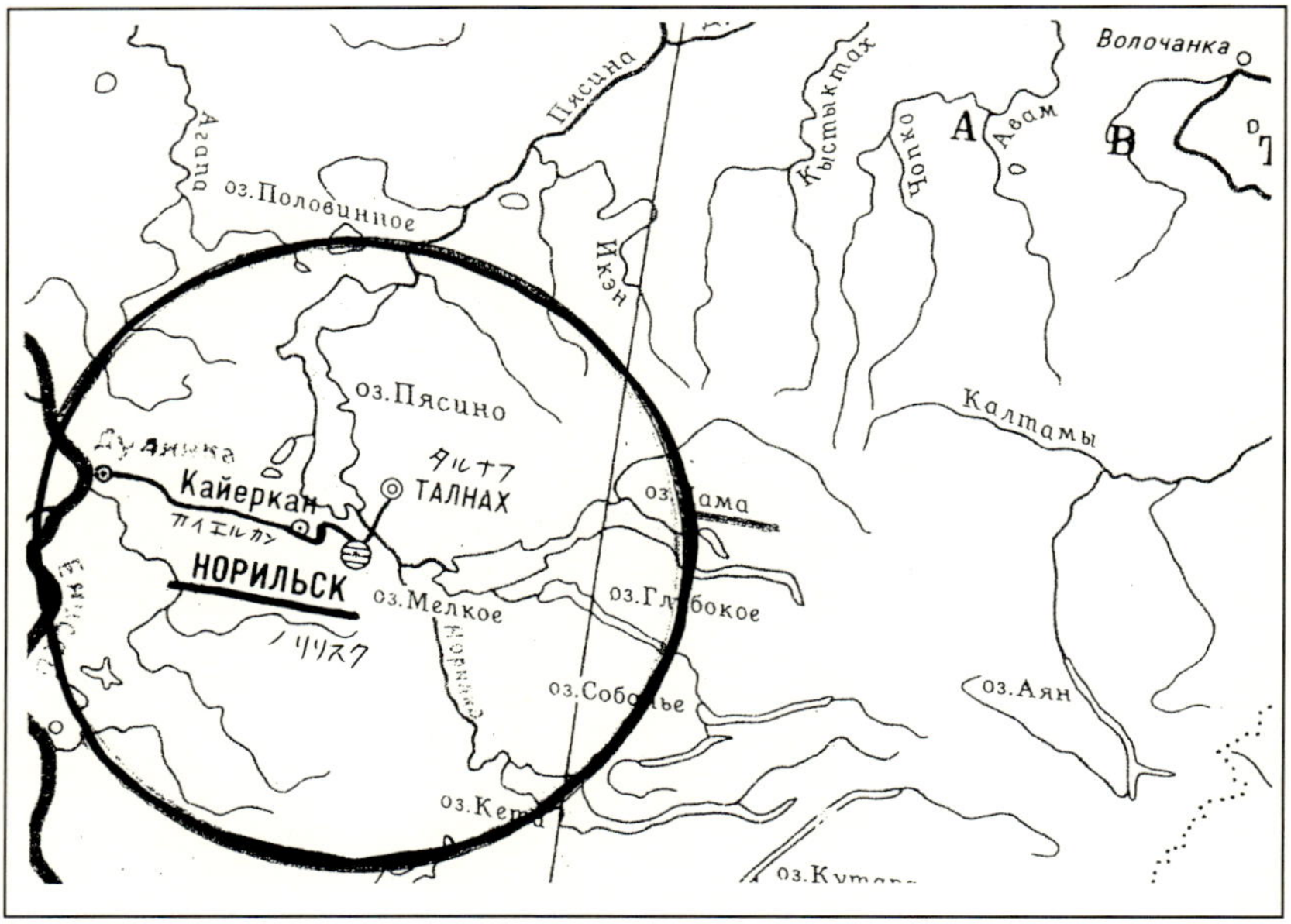

私の前著「魚と風とそしてサーシャ」に詳しく触れていますが、母の小学校時代の同窓生の力をかりて、一九九〇年七月に母と私はノリリスクに入市することを許され、父が逝った場所の土を踏みました。

18 浅付昭三さんについて

浅付さんは日本人でありながら、ノリリスク収容所を出た後、ソ連人となられた、私の父の生前の姿をご存知の数少ない方々のお一人です。残念ながら十三年ほど前に亡くなられましたが、この数奇な運命を生きられた方の事を紹介したいと思います。

私は三度ほどお会いしています。一度は一九九〇年にノリリスクで、二度目は千葉県行徳で浅付さんの一時帰国の時、そして三度目はサハリン協会の世話でお孫さんアンドレイさんと共に帰国された時です。

浅付昭三さんは名前の通り昭和三年の生まれ。生まれは富山県氷見市で三歳の時一家で樺太に渡り、敗戦時は両親兄弟とともに樺太の敷香にいて、十七歳の浅付さんがシベリアに送られ、行き着いたところがノリリスクだったそうです。時の経過とともに赤十字を通して交換船の話が出て、郵便物の取り扱いができるようになりました。早速親が帰っているであろう富山県の氷見に手紙を出すも、受取人不明のまま戻ってきました（この詳しい時期は不明です）。きっと両親たちは引き揚げられず樺太に残っているか、引揚船が三隻沈没したというので亡くなっているかもしれないと思い、戦争で荒れ果てた日本に帰っても自分を受け入れてくれるところはないだろうと考え、ソ連に残る決心をしたそうです。

ナホトカ港では目の前に日本船が日の丸の旗を掲げ、船体にも日の丸の旗を描いて入港し、懐かしい日本の歌を流し「皆さん、長い間ご苦労様でございました。皆さんのお帰りをお待ちしておりました」というアナウンスを流していたそうです。涙を流しながらこれを聞いた浅付さんは、揺れる心を抑えながら、遂に乗船をしなかったそうです。これが浅付さんの運命を百八十度変えることになります。

モスクワに出て一年間技術を学び、優秀な技術者になってノリリスクに帰り、大勢の部下を使って標準以上の生活をし、ノリリスク功労賞を貰ったそうです。（どんな技術かはよくわかりません）

国が全部面倒をみてくれるので、向学心のあるものはどんどんそれを行動に移せばよかったのだそうです。浅付さんの他にソ連人と結婚し日本に帰らなかった日本人は附近にたくさんいたそうです。時々集まっては日本語で夜を徹して語り合ったそうです。私達母子と連絡が取れるようになってからは、時々ノリリスクの共同墓地（現在のノリリスクのゴルゴダ）に行き、日本人が埋められていた所の近くに咲いていた小さな花を供えてくれました。

墓地を掘り返してみてもさらさらと風化した骨が出てくるだけで時々歯や金歯が出てきたそうです。しかし墓地の移転の話も出ていて、この先どうなるかわからないと語っていたことが現実となりました。そこが現在のノリリスクのゴルゴダとなったわけです。

母亡き後、お孫さんとみえた時、父は英語でロシア人と会話をしロシア語を憶え、自分が罪に問われなければならないとはおかしいと抗議し、それをロシア人に認めさせたと話して下さいました。きっと共和国刑法五十八条を他国の人間に適応するのは間違っていると言ったのではないだろうかと想像します。父は法律の仕事をしていた時期もあるのです。（刑法五十八条とは国家反逆罪を指します）

浅付さんだけではありません。運命を狂わされなかった人はいないでしょう。戦争とはそういうものだと思います。戦争を甘く見てはいけない、決してしてはいけない一番最初にあげられるものだと強く思います。

19 お孫さん アンドレイさん

浅付さんには二人の娘さんがいて、長女か次女の子供にアンドレイさんというお孫さんがいました。アンドレイさんは現在はもう二児の父親になっていますが、五〜六年くらい前まで私と文通をしていました。浅付さんはアンドレイさんを目に入れても痛くないほどかわいがっていて、一時帰国の際夫人と共に連れて来日されたことがあります。およそ三十年位前でしょうか。

その時アンドレイさんに会ったのが千葉県の行徳で、母と共に猛暑に耐えつつ浅付さんの親戚のお宅にお邪魔したのを昨日のことのように思い出します。当時はかわいい少年で、慣れない日本そばを頑張って食べていたのを憶えています。

浅付さんの話によるとアンドレイ君は小さいころから優しい子で、ノリリスクの墓地に連れて行くと死んだおじちゃんたちにお花をあげようと小さな花を見つ

サハリン協会の世話で一時帰国、2005 年ころ。
（左から、ニリリスク在住の浅付昭三さん、当時高校の物理教師のお孫さんアンドレイさん、筆者）

けてきては供えていたとのことでした。

雪が降り始める頃になると、小さなこんもりと盛り上がった土の上に薄っすらと雪が積もり「これで又暫くは来れませんね」と挨拶をして帰ったとのことでした。

次にアンドレイさんに会ったのは、サハリン同胞交流協会の世話で浅付さんの付き添いという形で来日した時でした。前回は連れて来てもらった少年が二十七歳の青年になっていました。少し日本語も知っていて、私が何の仕事をしていますかと聞くと「高校の物理の教師」だと言っていました。

帰国後、お互いに片言で文通を始めました。その後浅付さんはノリリスクの冬の寒さが身にこたえるということで、同じクラスノヤルスク地方のミヌシンスクと言うノリリスクからみればかなり南の都市に一家で越していました。

そして今から十三年前、アンドレイさんから訃報が入りました。「おじいさんが死にました。三月二日です。七十五歳でした」その後サハリン協会が詳しく聞いたところ、奥さんはすでに二月十三日に肝臓病で亡くなっておられたとのことです。奥様を追われるように逝かれたのですね。

協会誌によると浅付さんは樺太豊原の高等小学校卒業後、豊原郵便局に勤め、その後、鉄道局の豊原機関区に勤務し終戦。ある日たまたま投げた石がソ連兵に当たったため反ソ罪で十年の刑を受け、ノリリスク、イリピンスカヤなどに抑留の身となったのだそうです。

樺太から引き上げた肉親たちは本人の消息を探し、昭和四十六年、自力で一時帰国を果たさせました。凄いですね。まさにドラマですね！

以下は浅付さんとアンドレイさんと代々木のレストランで会った時の写真と、アンドレイさんからもらった写真です。現在アンドレイさんは少し不便なところで働いているため、メールや手紙による交流はできていません。ロシアは広大な上、すみずみまでインフラが充実しているわけではないのでちょっぴり寂しいです。しかし「渡辺さんのことはずっと忘れません」と書いてありました。浅付さんのお孫さんは立派に活躍しているのですね。

浅付さん、良かったですね。

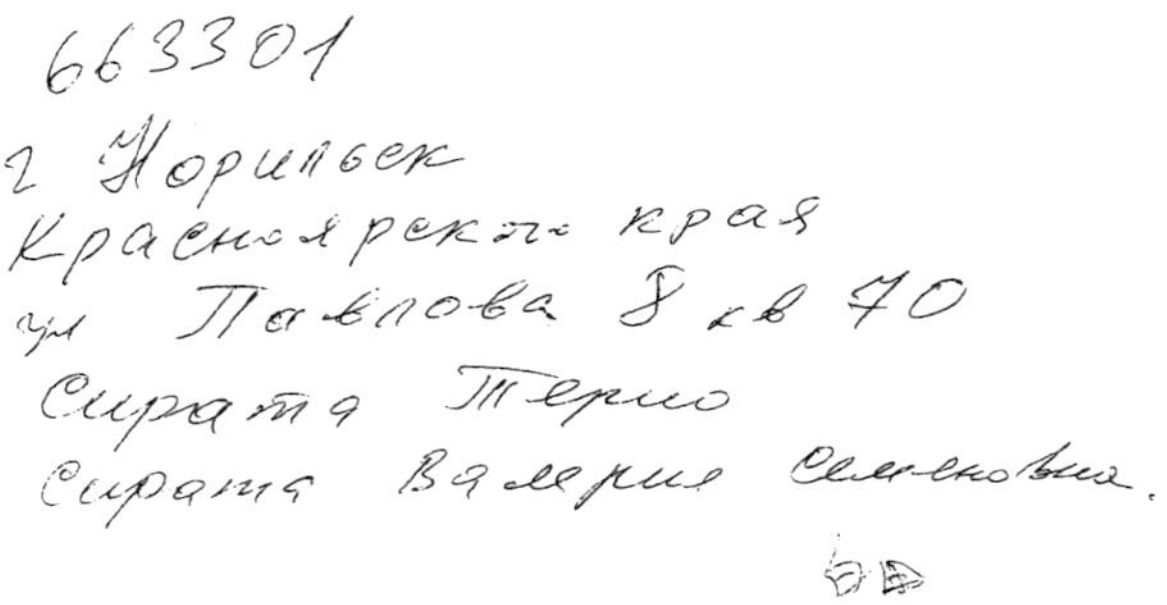
663301
г Норильск
Красноярск. края
ул Павлова 8 кв 70
Сирата Терио
Сирата Валерия Семеновна.
白田

母と共にお会いした日本人白田さん（前列右）当時、日本語をお忘れになっていて、通訳さんを通して話をした。現地で、ご家族と暮らしていた（ノリリスク市で）。

母が描いた柿の絵。ノリリスクに永住していた浅付さんのお話によると、父、渡辺良穂は故郷を思い出して、柿の絵を描いていたと伺った。それを聞き、母が柿の絵を描いた。

20 リトアニアやラトビアからの手紙

アンドレイさんの手紙はおじいさんから習った日本語を基に書かれていますが、ロシア人にとって難しい日本語をよくこんなに綺麗な字で書いていると私は感心してしまいました。意味もわかります。私のロシア語は理解可能かと、とても心配になります。今でも毎日ロシア語ラジオ講座を聴いていますが、ちっとも上達しません。忘れるばかりで情けないです。

ところで少しばかり文通したのがリトアニア人です。ポーランドとバルト三国はソ連に併合され沢山の苦しみを味わいましたが、その人達がノリリスクに送られていたとは長い間知りませんでした。私が二〇〇三年にノリリスクに行った際、ゴルゴダの丘に慰霊碑が建っていたのを目にし、いつか交流したいと願っていました。幸い現地の博物館館長スベトラーナさんに問い合わせたところすぐに連絡先を教えてくださり、ほんの少しですが文通とメールのやり取りをすることができました。二〇〇五年四月のことです。

リトアニアへ出した手紙に返事をもらいました。お会いしたこともなくお年もわかりませんでしたが、男性ということだけはわかりました。バルトあたりの男性の名前には最後にSがついています。例えばギリシャのアリストテレス、ピタゴラス、ソクラテス、ヒポクラテス等のように殆どの男性名にSがついていますがそれを思い出しました。リムビダスとありました。

言語は全くロシア語とは違いますが、ソ連との関係があったので、きっとロシア語は分かってもらえるとロシア語で手紙を書きました。返事を頂きましたが綺麗な筆記体のロシア語でした。

同封されていた写真や絵は何を言いたいかがすぐにわかりました。杉原千畝のことが書かれたパンフレット等でした。ラトビアからもノリリスクの抑留に関する資料が送られてきました。ドジンカ（エニセイ河沿いの港町）から百キロメートルと言う字も見受けられます。ツンドラとも書いてあります。戴いた絵と写真をいくつかここに載せておこうと思います。想像しながら見ていただければ幸いです。

手紙で礼状を書くと今度は私のメアドに返事が来ました。何とびっくりです！　ラテン文字によるロシア語の発音で書いてありました。一文字一文字読んでいくと書いてあることがわかります。例えば「ヤープラチタール　バーシェ　ピシモー」これはロシア語で「私はあなたの手紙を読みました」となります。

何と……感動です！　私はこの手紙を読みながらいつか世界中の抑留で苦しんだ人達が集まって、もう二度と抑留はすまい、させまい、と誓い合う日が来るとよいのだけれどと思いました。そうです、ロシア人も含めてです。

全ての責任をロシアだけに押しつけるわけにはゆきません。抑留の原因を生み出してはならない、つまり戦争をしてはいけないということです。

そうです。総力戦と冷戦の一コマがもたらした悲劇の一つが抑留だと思います。さすがにやり取りがややこしいのでこの交流は長続きしませんでしたが、日本の反対側に住む人達への手がかりと連帯感を持てたことはとても嬉しい出来事でした。

そして今度は日本の東側の遠い国からも手紙をもらいました。それも抑留とは一見関係のなさそうな国カナダからですが、私の慰霊碑づくりの話を知り、ぜひ力になりたいと動いてくれたのでした。いつの間にかあちこちでさざなみが立っていたのでした。

千畝の記念碑

千畝の記念碑

リトアニアからの手紙

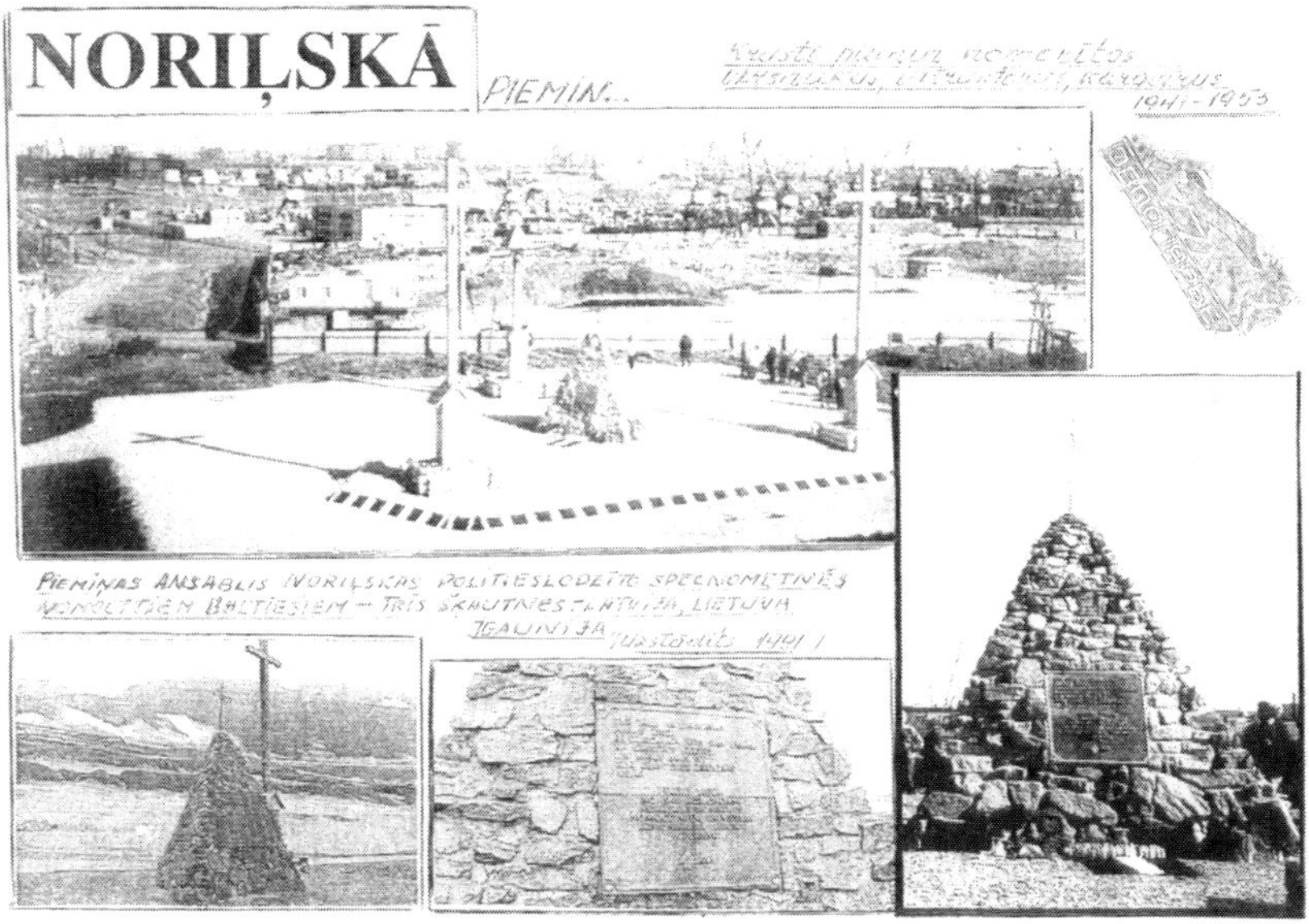

ノリリスクにおけるバルト三国建立の碑

21 ミーシャの友人シェーンさん

ミーシャというのは、私の高校時代の友人三保子さんのニックネームです。彼女とは一年と三年の時、同じクラスになりましたが、二十代前半でカナダ人と結婚し、カナダのアルバータ州ブルックス市に移り住みました。すでに半世紀以上カナダに住み、日本人というよりカナダ人になりきってしまったといってもよいと思います。

何かを考えるとき母国語で考えると言われますが、彼女は英語のほうが容易いのではないかと思われます。

そんな彼女と久しぶりに会ったのが平成二十二年四月のことでした。高校卒業後五十年経ったので同期会を開こうという話が持ち上がり、同じクラスだった私が彼女に案内状を出しました。「遠いから無理にとは言えないけど懐かしい皆さんに会えるからよいチャンスかもよ」と……、やって来ましたよ。彼女は白髪になって！　お互いどこかに昔の面影はないかと手を取り合い穴の開くほど見つめ合い、なんとも懐かしい再会でした。

その数年前に一度会ってはいますがランチの後、彼女はそそくさと親戚のところへ行ってしまい、この度の再会ほど懐かしいものはありませんでした。

その後彼女との交流が再開し、メールでやり取りをしました。翌年私と夫は招かれ、彼女の家に泊まりました。一・五階の彼女の家で（カナダの住宅の建て方には特徴があります）、日系カナダ人は昔、差別を受け、そのうえ開墾の大変さと予想以上の寒さに苦しんだと問わず語りに話しだしました。

それでも歯を食いしばり「負けるものか」と頑張り、苦しい時、寂しい時、故郷の歌や高校の校歌を歌ってしのいだと彼女は言いました。

今はゴルフやテニスをし、パーティーを開いたり等楽しんでいるとのことでした。外側からは見えない彼女の人生の一部を知り、新しい魅力を発見しました。

私も「実は……」と慰霊碑作りに取り組んでいる事を話すと、「あなたがそんな運命を背負っている人とは知らなかった」と驚き、高校時代、抑留遺族である自分を恥だと思っていたので誰にも言わなかった、とそんな話をしながら、愉快な夫君ゴードンさんを交えての四人の思い出深い夜は静かに更けてゆきました。

帰国後私の書いた拙い本、「魚と風とそしてサーシャ」を送ると、電話がかかってきました。「日本の文字に飢えていたので、あっという間に読んでしまった。かじりつくようにして読んだのよ。読ませたい人が沢山いるの。もっと本を送ってちょうだい！　日系人の間で読み回しを始めるから……」国際電話にもかかわらず彼女のおしゃべりは止まりません。「わかった、わかった、すぐに送るから」と電話を切りました。

次のページのシェーン西さんは彼女のご近所さんで本を要約し、知人にプリントして配ってくれました。要約するという作業は思ったより難しいことです。大事なことを落とさず、しかし前後のつながりはなめらかに。実は私はたいへん苦手です。本人よりもうまく要約してあるので参った！　と思いました。しかもカナダ人にです。

これらの動きがあって慰霊碑作りの足しにしてください、とカナダドルが送られてきました。国際郵便の封を切ってびっくりした後、空を飛んできた友情に心から感謝したものです。この時の嬉しさを思い出すたびに、カナダのカラッとした空気とゴツっとした大地を思い出します。

魚のお父さん　二〇一〇年一月十日　シェーン西

わたしの手元に渡辺祥子さんによる三十数ページの手記があります。

この渡辺さんの高校の同窓生である私の知人より、「しのっくだより」で紹介してほしいとの依頼がありました。全文を載せるだけの余裕がありませんので、多少割愛させていただきました。

渡辺さんの父上は第二次世界大戦当時、旧満州で法務官を務めておられましたが、戦争に懐疑的で一般市民としての道を択び、樺太財務課長に転身、そこで終戦を迎えました。

同胞の密告のためか罪人としてシベリアにあるノリリスクの鉱山で労働を強いられ、結核に倒れ一九五〇年に亡くなられました。

シベリア抑留者の帰国が始まると、渡辺さんの母上は最愛の夫の消息を求め、省庁、新聞社、帰還者を訪ね、日本各地を奔走されました。後日、同地抑留者より、死亡したであろうという情報を得ることになります。すると今度は故人の終焉の土地を訪ねたい思いが募りましたが、ノリリスク市はウラン、レアメタルなどの採掘地でウラン濃縮基地もあり、当時のソ連は軍事的理由で外国に殆ど門戸を閉ざし、ビザ、航空券の入手は一個人には不可能でした。偶然母上の同窓会の席に神戸製鋼の社長がおり、会社がノリリスクとの取引があったため、そのつてで一九九〇年に母娘での訪問が叶いました。

当地では、父上が過酷な労働を課せられていた場所や、ロシア政治犯罪人、ポーランド、バルト三国抑留者の慰霊広場を訪ねたり、市民との交歓会にも出席しました。一時この慰霊広場がコンビナートの予定地候補に挙がりましたが、ロシア市民の大反対により維持されたとのことです。しかしそこには日本人抑留者の慰霊碑も墓標もなく、その訳は永久凍土のため墓を掘るのが困難なことと、消耗品としての労働者の経費節約で、そのため、ほとんどの遺体は川に遺棄されたのだそうです。

渡辺さんは二〇〇四年、再度この地とサハリンに、母上の遺灰を撒くため訪れています。この時もノリリスクで抑留者問題に関心の深い地元名士を捜し当て協力をあおぎました。

この女性スベトラーナさんは、渡辺さんを父上が捨てられたと思われる河畔に案内し、この川で獲れた魚の燻製を食べるよう勧めました。この魚が父の肉を食べた魚の子孫だと思うと、口にするのがためらわれ、もしかしたら魚となった父の強い望郷の想いが親子の対面を為させたのかもしれないと思ったようです。〝わたしの血肉となって一緒に日本に連れて帰ってあげます、お父さん〟とあります。

渡辺さんは、六十一の歳からロシア語を習い始めました。そしてロシア大使館代表が立ち会うロシア語スピーチコンテストに挑戦、見事予選も通過、本大会では特別賞に輝きました。それは、ノリリスクに日本人慰霊碑建立に際し、ロシア政府の理解、協力、許可を得るためでした。資金は彼女の責任で用意すると書かれています。ノミの市も二十数回開きました。

二度と悲惨な戦争、抑留、テロなどを繰り返さないよう強烈なメッセージを込めた輝ける慰霊碑を後世に残したいと思い、その形状、どのようなメッセージがよいのか皆さんに知恵を借りたいと願っておられます。

以上が手記の概要です。

22 父の死について

母は小さなメモに「昭和二十九年三月二十日シベリア抑留夫死亡宣告」と書いています。どのようにしてそれを知ったのかは書いていません。ただそれだけです。私には結核で他界したと教えてくれていました。母はずっとそう信じ疑うこともなく父の元に行きました。

ところが私の前書「魚と風とそしてサーシャ」に富田先生が書かれたように、二〇一三年インターネット上でトゥールキン論文をみつけて私に教えて下さり、私は辞書を引き引き「ヨシオ ワタナベ」の箇所を読み、父の死因に幾つかの異なる証言のあることを初めて知りました。

結核だとばかり思っていたので本当に驚きました。前書と重複しますので詳しくは書きませんが、機関車に轢かれただとか、壊血病だとか、思ってもみないことが書かれていました。

結核ということでそれなりに納得していたのに、もう一度振り出しに戻った感じでした。そして、それは私にとっての新たな苦しみの始まりでもあったのです。機関車に轢かれたことを想像するだけで恐ろしくなるし、壊血病を想像するだけでもそれはそれで恐ろしいものです。

壊血病は昔、船乗りがビタミンC不足のため目や耳、口や鼻から血を出して死ぬ病気です。私は思いました。他の人たちと同じものを食べていながらなぜ父は一人病気になったのか……、本当は病気ではなく違う理由で病死とされてしまったのではないだろうか……、遺族はわからないまま、色々と想像を膨らませてしまうものです。しかも悪い方に考えてしまうのです。

父の死は一九五〇年です。ちょうどダモイ（帰国）が始まった頃です。帰国と引き換えに何か特別な仕事を強要されたのでは？　それを頑固に拒否したためにとんでもない姿になって死んでしまったのではなかったのか……、私の妄想は膨らむばかりです。

父さん！　母さんや私の事を思い出さなかったの？　故郷が目に浮かばなかったの？　擬態《なりすまし》というものがあるでしょう？　カマキリやタコもするでしょう？　あれを思いつかなかったの？　死んだら終わりでしょう？　生きてこそでしょう？。

父を責めたい気持ちで何度話しかけたかわかりません。とても辛かったです。これは単なる想像といえばそれだけのことですが、何十回もそのようなことを繰り返し、しかし最後はこう思って自分を納得させるのでした。妻や子供のためではなく「自分自身と向き合って、自分が納得できるかどうか」を基準に、「自分の心の自由」を選択したのだと……。

なんとなんと自由とは厳しいものなのでしょう。この「心の自由」の為に、私まで苦しんだのでした。

そして私は決断しました。「父さん、あなたの『死』をただの『死』にはさせないよ。慰霊碑を建て、その慰霊碑に父さんのメッセージを込めて世界に発信するのよ。その時父さんは新しい命をもらって蘇るのよ！」死は終わりではない、新しいものへの始まりなんだ。

こうして私は不退転の決意で慰霊碑作りに取り組むことにしたのでした。

23 父を故郷に連れて帰りたい

私の妄想は更にふくらみます。機関車に轢かれただなんて……、体中バラバラでしょう？　父の死を聞きつけて、抑留されていた日本人Bさんは埋葬したいと遺体を要求したものの断られたとも書いてあります。（トゥールキン論文）それを知るだけでも遺族は悲しみの極致です。

遺骨があれば、日本に持ち帰りたいと思うのは母ばかりではありません。私もいつか父を連れて帰りたいと強く願うようになりました。そして憶えてもいない父がとても愛おしく感じられたのでした。一緒にいた時間は短かったけれど父は精一杯私を愛し、その愛は一生消えることはないのだとわかりました。

24 沢山の励まし

私が慰霊碑を作ろうとしていることを、人づてに知る人がだんだん増えてゆきました。私は人と会うたびに慰霊碑作りの話をしていました。昔、私は被抑留者の娘だということを恥に思い、差別の対象になっても困ると、口が裂けても言いませんでした。

私が中学一年の時です。同じクラスのPちゃんとよく一緒に下校しました。いつものように分かれ道までやって来ると、二人は左右に一旦別れました。ところが彼女はなにか話したそうにもう一度引き返してきてこう言いました。「私達父親のいない子はよい会社に就職できないんだって。よい会社はよい家の子を採るし、よい家はよい家からお嫁さんをもらうんだって」彼女はしっかりした子だったので、先々の事を考えていたようです。

私は何も考えていなかったので（ということは私の人生はもう先はないのか）と不安に思ったのを憶えています。

ところがそのころから世の中の景気が少しずつ良くなり同級生たちは皆明るく楽しげに過ごすようになりました。その頃の同級生に今話を聞くと、皆明るく楽しそうであったにもかかわらず「実は父は南方で戦死しているのよ」、などという話があちこちから聞かれ、友人たちも口に出さなかったことが改めて私の知るところとなりました。

ああ、皆辛かったんだ、大変だったんだ、我慢してきたんだと……、決して恥だなんて思ってはいけない、普通に話さなければいけない、なぜなら皆同じように、同じおもいをしてきたのだからと思うようになりました。

私はどんどん「抑留」の話をするようになりました。それは友人知人を通じて広がってゆきました。そして慰霊碑を建てることについて沢山の励ましを戴きました。私は当初これは私の問題なので、私の自己責任でなんとかしようと思っていました。

ところがそれは「私だけの問題ではない」という事を皆さんから学びました。それを個人の問題に矮小化してはいけない、これは国家や国家間の問題でもあるし、世界の問題でもあり、極めて今日的な問題でもあると気づかされたからです。

そこにたどり着いた時、「ああ、こんな歳になってもまだ人間は成長するのだ」とちょっぴり嬉しくもなりました。

そしてこの取組みは決して孤独な戦いではなく、目の前に大きな海が広がっているようなものだ、この海の向こうに今に何かが見えてくるかもしれないと思えることが、更に嬉しい気持ちをふくらませてゆくことになりました。

25 折り鶴の歌

　私への励ましは数限りなくといってよいほどありました。どれも勇気づけられ心を強くしてゆくことに役立ちました。ある人は本を送ってくださり、ある人は電話で素敵な言葉をかけてくださり、またある人は綺麗な絵葉書で、またある人は分厚い封書で、またある人はメールで励ましてくれました。関連の切り抜きもたくさん戴きました。どれも私にとっては宝物で、プラスチックのケースに大切にしまってあります。辛い時、悲しい時、切り抜けられたのは、これらのあたたかい皆様のお陰でした。

　一つ一つご紹介したいところですがそうもいきません。とにかくその数はここにはとても載せきれないのです。そこで女性お一人、男性お一人を紹介させていただきます。まず女性は九十才を過ぎた方で、今は静かにお過ごしですが、かつてシベリアにツアー旅行に行かれた時、折り鶴を持って行かれ、抑留による犠牲者へ次のような詩を詠まれました。

名を刻みせる墓もありたり
名も知らぬ墓もありたり
この翼にのりて故国に帰りませ
深き祈りを折り鶴に託しぬ

私の知人、村田春子さんのお姉さまの詩です。これを戴いた時、私は大いなる感動とインスピレーションをいただきました。ノリリスクで犠牲になられた日本人の魂を折り鶴にのせて必ず故国に帰したいと、慰霊碑が完成した暁には、折り鶴を捧げたいと思うようになりました。今、この詩を読み返すとまた新しい涙が湧いてきます。それから男性についてですが、それは今は亡き高校時代の友人佐野靖さんの励ましです。これについてはもう少し後で触れたいと思います。

26 日ソ捕虜・収容所協定

この辺りで少し話を変えてみたいと思います。

一九九一年、当時のソ連大統領ゴルバチョフ氏が来日し、初めて公式に抑留による死亡者の名簿を日本側にもたらしました。その際、日ソの外務大臣が署名して協定が締結されました。その協定に盛り込まれていた「死亡者情報の提供」や「遺骨引き渡し」は二十五年たった今も速やかに行われたとは思えません。私は何回か父の情報を得たいとノリリスクや日本の省に接触を試みましたが未だ不明です。

わからないものはわからないのだろうと思いますが、ロシアの軍事公文書館の分厚い壁の書庫に、もしその資料が眠っているのだとすれば、この年老いた遺族に少しでも早くお知らせ下さい。どんな思いで情報を待ち望んでいるかをお察し下さい。これは遺族の心よりの願いです。

そしていつも思います。「協定」とは一体なんだろう？　ちょっとした挨拶の一種で、別に守らなくても「まあまあ」程度で終わってしまうものなのでしょうか？　条約でさえいくつも破られています。一九二三年パリ不戦条約は日本も含め一五ヶ国間で締結されていますがその後、第二次大戦を迎えます。

協定をただの文章に終わらせないようにするには、私達遺族の努力にもかかっているような気がします。「この願いを決して諦めない」、諦めないうちは、「問題は存在する」からです。

27 夏季講習に通う

歳を重ねると、なかなか遠くまでロシア語の学校に通えません。そこで府中の東京外語大に通うことにしました。毎夏二週間の集中講座です。いつもビリですが刺激を受け、少しでも忘れないようにしようと心掛けています。

その外語大が、後々出会うマリヤさんの留学先になろうとは夢にも思っていませんでした。広々とした庭があり、時にはいろいろな国の人たちが歩いていてちょっとした外国です。

二時間バッチリ絞られたのちの帰り道、なかなか来ないバスを待っている間に「ほととぎす 明日はあの山越えていこう」という山頭火の句を思い出したものです。

28 スベトラーナさんより慰霊碑申込みについてのメール届く

二〇一三年四月一日、ノリリスク博物館館長のスベトラーナさんからメールが入りました。「慰霊碑建立の申込書を出して下さい」と。

遂に来ました。何と長い年月を要したことでしょう。この間どんなに焦りの気持ちを持ったことか……、なぜなら私はすでに高齢者の仲間入りをしており、夫は皮膚がんの手術を受けておりました。（現在完治しており問題はありません）

私にもいつ深刻な病気が訪れてもおかしくありません。また日本人は少しせっかちなところがあり、物事がスムースにはかどらないと何も進んでいないのではと思ってしまうところがあります。しかし私は覚悟を決めておりました。ロシア人との付き合いでは「求めずに訪れる機会を待つ」ことが出来なければ、結局は壊れてしまうこともある、必ず来る……静かに眠っている種から芽がでる日が、と。

そしてとうとうその日がやってきたのです。慰霊碑が建つのです。遂に向こう側が動いたのです。粘り勝ちだ！　その時の嬉しさを私は一生忘れないでしょう。

29 究極の助っ人登場！

その間、知人の皆さんは私の出した本をあちこちで広めていてくださいました。それは私にとってとても嬉しい事でした。私が何もいわずに慰霊碑を建てても、それは最終的には自己満足に過ぎず、建てたことの意味が薄れてしまいます。取り組みながら広めてゆく、広めながら意義を深めてゆく、この二つを忘れてはならないと思いました。

反響がどんどん入ってきて更に私を勇気づけました。もう、一人ではない！　皆さんと一緒に進んでいる。長く暗い時期は乗り越えたのだ、後は完成に向けて突き進んでいこう！

と、そこへ天使が舞い降りたのです。二〇一三年五月八日ＪＲ八王子駅前の喫茶店で前書にも登場された川西先生の紹介で、マリヤさんと出会ったのです。二十代前半の美しい人にしばし見とれました。なんという清々しさ、そして明るさ。その緑がかった瞳は澄んだ湖のように見えました。この瞳は黒眼の私と同じように見えるのかしら？　全てが虹色がかって見えるのではないかしら？　そんなことを思いながらその日は別れました。

「オーチンプリヤートナ」でした。（とても爽快）これは初めましてというロシア語の挨拶の言葉でもあります。

30 マリヤさん初めての来訪

マリヤさんが初めて我が家にやってきた時の事を書きつつ、彼女の生い立ちやどうして日本にやってきたかを書いてみたいと思います。

初めて会った後、いちど喫茶店で会い、我が家に来るよう誘いました。彼女は府中の外語大留学生の住む寮からやって来ました。優しい微笑みとともに静々と我が家の和室に入りました。以前知り合いのロシア人が来た時はスリッパを履いたまま 掘りごたつに入っていましたが、マリヤさんは日本にとても慣れていました。聞いてみれば二度目の日本留学だということでした。どうして「日本」なのかを聞くと、六歳の頃見た日本のアニメから日本に興味を持ち、日本語の歌を覚え、そこから日本語を覚え、最終的には日本の歴史を学ぶことを自分の課題にしたということでした。

子供の頃見たアニメは「セーラームーン」だと言っていました。専門は歴史で小学生の頃「デカブリストの乱」という、ロシア史上有名な出来事を調べているうちに歴史好きになったとのことでした。

この乱はナポレオンが登場したことにより、彼に影響を受けたロシア人青年将校たちが起こした乱をさし、トルストイの「戦争と平和」の中に度々「ナポレオン主義者」と言う言葉が出て来ることで日本でも知られています。

「戦争と平和」の主人公たちはいずれもナポレオン主義者です。しかし、「ナポレオンがなんだ、この空の広さほど美しいものはない」、と悟ります。私はこの言葉を心底美しい言葉だと思っています。

ところで彼女の留学目的は日本近代とロシアとの関わりについて、「陽明丸事件」を通して探ってゆきたいというものでした。私には何のことだかわかりませんでしたが、彼女の話す日本語はとても外国人が話しているとは思えないほど滑らかで耳心地良く、聞いてゆくうちに陽明丸事件の大凡を知ることができました。

彼女はふと仏壇に目をやって、「この仏様は如来ですか？　それとも菩薩ですか？」と訊いてきました。慌てたのは私です。今までそのようなことを考えてみたことがありません。

「さあ、どっちでしょうね」というよりほかありません。彼女が帰ってから、私は仏像に詳しそうな人に訊いてみました。「飾り物が多いと菩薩で、少ないと如来」だと教えられ、ということは我が家の場合は如来なのかと思いました。

彼女は器用に箸を使い、なんでも食べます。私はなるべく日本的なものをと来訪の度に食事を用意しました。雑煮を初め漬物や炊き込みご飯や味噌汁そして煮物など。ところが「カレーが美味しかったです」との事。そうですか……アハハ。

時には歌を歌ってくれ、私もつられて歌いました。彼女が日本の歌を、私がロシア民謡を歌いました。とてもよい人だとわかりました。私の中では「もうこの人しかいない、共に大仕事をしてゆく人は」と気持ちが固まってゆきました。以後具体的な打ち合わせに入ってゆきます。

31 話し合ったこと

亜麻色のつやつやとした美しい髪の彼女は、まさに青春のまっただ中を生きています。私はといえば、すでに若さを失い時間を失いそして体力を失い、思考力や判断力はもともともち合わせてなく、普通に彼女とつきあおうと思っても、とてもつき合えなかったことでしょう。ファッションの話も合わず趣味の話も合わず（彼女の趣味は合気道です）、彼女はモスクワ大学から難しい留学試験を通りやってきたエリートです。私は歴史も何もかもちんぷんかんぷんです。

しかし、慰霊碑作りの話になると俄然二人の距離は縮まり、私も言いたいことを思いっきり話しました。まず私が話しました。父がシベリア抑留死をしたことが無念でたまらないこと、母が父の死をとても悲しんで死んだこと、父の他にノリリスクで無念の死をとげた人たちを父とともに弔いたいことなど、慰霊碑を建てずにはいられない私の気持ちを伝えました。

「私はあなたがロシア人だからといって憎んだりはしませんよ。ヒットラーはユダヤ人への憎しみを煽ることでドイツ人をまとめてゆきました。憎しみを人をまとめる手段にしてはいけないと思っています。宗教の違い、民族の違い、国の違い、人種の違い、思考の違いをてこにした、憎しみを増幅させる手に乗ってはならないと思っています。そう思わずにすむにはどうしたらよいかと人並みに悩んできたつもりです。ロシア人へのあてつけで慰霊碑を建てたりはしませんよ」。

するると彼女は真顔で言いました。「慰霊碑を建てることは大変なことです。その決意に嘘はないでしょうね!?」ちょっと怖い顔をしていました。「私が建てたいと言っている張本人です。どんな気持ちで決意をしたと思うのですか?　簡単な気持ちでそんなことが決意できるとでも思っているのですか?」私も睨み返しました。

しばらくして彼女が私の手を握って言いました。「私は歴史研究家です。渡辺さんのやろうとしていることの意義が理解できない人間ではありません。やりましょう、二人で……」。

小さな日ロ同盟締結の瞬間でした。

32　なぜ彼女は決意したか

彼女は私が何をしたいかを瞬時に見抜いただけでなく、彼女の周辺の人々も色々な運命に振り回されていたことが彼女の決意を後押ししたのです。彼女のひいおじいさんは独ソ戦で囮となり、ドイツ軍に殺されました。バルバロッサ作戦の一番北のラインだと思われます。どの辺で亡くなったかを調べたそうですがよくわからなかったそうです。おばあさんは四才で孤児院に行き、その後奮闘努力して医学関係の勉学を修めたそうです。

マリヤさんはそのおばあさんをとても尊敬し、いつも自分の目標にしてきたそうです。おばあさんやお母さんは、働きながらマリヤさんをビシビシと鍛えたそうです。ロシア人も苦しんだ歴史を持っていたと知りました。マリヤさんはただ日本が好きだっただけではありません。慰霊碑作りを通して、日本とロシアの架け橋になろうと思ったのでしょう。年若い彼女の決意は大変なものだったことと思います。本当に頭の下がる思いです。

33 二人は頑固

彼女はいつも大忙しの人でした。奨学金をもらっていましたが、生活はギリギリでアルバイトをしなければなりません。合気道も第一回目の留学時からの大事な習慣です。勉強も頑張る人です。その彼女の貴重な時間をもらって慰霊碑建立の進め方を相談し合ったり、現地との交渉をしてもらわなければなりません。

我が家ではなく外で会うときは、私がお昼代を出すのが当然と思い、出そうとすると「ダメです！　この間私が御馳走になっているので私が払います」と言います。「とんでもない！　忙しいのに交通費を使ってここまで来てくれたのだから私が出します。そうしないと申し訳ないもの」と言うと、「違います！　これは私の仕事と思ってしているのですから、私が出します」ふたりとも譲りません。

そのうち彼女は私の顔を見て「頑固！」と言います。「ちょっと……頑固はそっちでしょ？」お互いを頑固と言い合います。頑固どうしが言い合うのですから止まりません。「じゃあ、今日は私が払うので次回はマリヤさんに御馳走になるわ」やっと決着が着きました。彼女は「お手伝いではなく、一緒に仕事をしているのだ」と言っているのはわかるのですが、だからといって彼女に甘えてはいけないと思うのも私の気持ちです。

その後、事あるごとにお互いを頑固と言い合うことになります。しかしあなたは頑固なんだから「しょうがないよね」と半分笑いながらこの言葉を使うようになっていきます。マリヤさんがマーシャになったような気がします。ロシアでは仲良くなるとニックネームで呼び合います。しかしあまりにも優れた人で気易くマーシャとは言えません。

私の孫の世代の人なのに、人生経験では遥かに先を行く私であるのに彼女の論理にはぐうの音も出ません。やはり「マリヤさん」です。いや、ときには「マリヤ様」ですよ。彼女は……。

ところでロシア正教徒であるマリヤさんは私を御茶ノ水のニコライ堂に連れてゆき、色のついたゆで卵をもらったこともありましたが、正直に言って聖教のことはあまりよくわかりません。しかし彼女の心の支えなのだろうとは思います。そしてそんな時イスラム教にも想いを馳せます。

きっと砂漠の民の心の支えだったのだろうと想像します。灼熱の太陽が照りつけ、水もなく木も草も生えない土地で生きてゆく事は、容易なことではありません。絶望の縁に立たされたこともあったでしょう。それでも生きようと頑張ったそんな時、きっと心の中で神と語り合っていたのかもしれません。「どうか最初の清々しい信心を思い起こして下さい」、と思わざるをえない残念な事態を時々目にします。きっとアラーは人々の幸せを願っているはずです。不幸を願っているとは思えません。

そしてイスラム教徒のすべてが破壊的な人たちとは思えません。どうしたら調和できるのでしょう。父を失った私はどうしても一人ひとりに「生存の権利」があることを、もう一度思い起こして欲しいと願わずにはいられないのです。

34 マリヤさんの活躍

マリヤさんの活躍と書きましたが、私はその全容をとても書き著すことは出来ません。なぜならロシア外務省がどのようなアドバイスをくれたのか、話を聞いても外務省の仕組みやその動きは国によって違い、それを理解するのは至難の技だからです。

またロシアの抑留研究者カタソーノワさんにも連絡をとってくれ、カタソーノワさんを通してノリリスク側が動くように働きかけてもらいました。その後ノリリスクから希望があったら設計図を送って欲しいと言われ、私はささやかなものがよいと設計図をマリヤさんから現地にメールで送ってもらいました。すると、「こちらはほとんどの季節は雪に覆われています。こんなに小さくては見える季節が限られますよ」と返信メールがきました。

ああ、日本にいて頭の中だけで考えていてはダメなのだと知りました。無名の私達日本人が、日本人犠牲者達に捧げるものは小さくてもよい、どんなに小さくとも石は物を語ってくれるはずだと思っていました。

それに大きく立派なものは建てることが不可能。貧者の一灯はきっと特別な輝きをノリリスクのゴルゴダにもたらしてくれること間違いなしと信じていました。しかし雪に埋もれては仕方がありません。思い切って現地のデザイナーにお任せすることにしました。心は「日本」デザインは「ロシア」、いいじゃないですか。一緒に共同作業をするのです！

かつてのノリリスクのようにどちらかがどちらかを支配するのではなく、このノリリスクで共に考え共に作る、昔とは真逆の事を今から実践してみせます。出来るはずです。やろうと思えば！　とそう思いました。

そこに登場してくるのがミハイル・ボールギンさんです。彼はノリリスクにおける芸術家団体の役員をしている人です。彼は今まであまり調べたことがなかった日本の芸術に就いて調べ始めたそうです。日本は凄い！「北斎という絵描きがいたんだ！」北斎は日本の誇りです！

すこし笑える話をすると、ロシア人は単語のどこかに力点を付けないと発音することが難しいのです。ロシア語の仕組みはそうなっています。私の名前も「サーチカ」とか「サチーカ」や「サチコー」とか言われます。ああ「サチ公」ですか。「ハチ公」みたいですね。

慰霊碑を建てるにあたって影響を受けた碑
（マカロフにて）

勇気と人類愛継承へ
ハッピー通信
イルティッシュ号乗組員救助110年
31日、式典とロシア祭り
熱意込め住民運営

友人ヨッコちゃんが送ってくれた切抜き

そして北斎もボールギンさんの発音によると「ホックサイ」になってしまうのです。なんだかロシア人のくしゃみに似ていませんか。北斎はあの世でくしゃみをしているかもしれません。

というわけで慰霊碑のデザインはボールギンさんの作で決定しました。私は改めて日本の浮世絵を見なおす機会をボールギンさんからもらいました。

例えば写楽です。子供のころ、教科書で見た時は、下手だなあ、何百年も前に描かれたモナリザの方がずっと上手だ、と思ったものです。しかしその通りに描いても役者の個性は描けません。写楽の作品は指の先まで個性が出ています。舞台の上での緊張の度合いまで伝わってきます。

私は着物をきてマス席に座って歌舞伎を見ている気分になります。「よう！　○○屋！」と声をかけたくなります。江戸時代の人たちが変な顔をしてこちらを見ます。ちょっと……静かにしてくださいよ、そこで掛け声をかけては台無しでしょ。あなたどこから来たの？　未来？　なにそれ……一瞬江戸時代にワープしてしまいました。

35 まだ間に合いますか？

マリヤさんがノリリスク市長とのやり取りを仲介してくれ、少しずつ進む気配が見えてきました。ノリリスク市の公的な場所に慰霊碑を建てるのですから、市長の許可が必要です。日本の抑留に関する団体の申込みを必要とするとのことで、団体代表者の有光さんが依頼文を市長あてに送ってくださいました。

すぐに動き出すかと思いきやスベトラーナさんが入院したとマリヤさんが言います。どんな病気なのだろう？　訊いてもよいのか、重いのだろうか……どのくらいかかるのだろうか、と不安が膨らみます。

スベトラーナさんだけが私とのつながりを持っているのか、それともある程度博物館の人たちも関わってくれているのかが、わからないまま時が過ぎます。ここまできたのだからここでプッンと切れてしまうことはないでしょうね、それが二〇一三年十一月二十五日のことでした。

十二月五日スベトラーナさんよりメールが入り、「大丈夫、来年の初めに取り組みます」とありました。ああ、やれやれ。気を揉みました。

そんな私にご近所の恭江さんが、バラの花を持ってきてくれました。「私が育てたの」見るとクリームやピンク、赤のバラがとても良い香りを放っています。「まあ、なんてよい香り……」しばし見とれました。すると恭江さんが「ほら夕焼けがとても綺麗よ」と西の空を指さしました。今まで見たこともないような美しい夕焼けが広がっていました。二人でしばらく無言で立っていました。もし私に実の姉がいたとしたらこんな人だといいのだけれど、とふとそう思いました。

年が明け、毎日忙しくいろいろな取組をしました。それは№36で書くことにしますが、あまりにも忙しすぎて、今度は私が体調を崩してしまいました。

私は「博物館員一同あなたのお越しを待ちきれない思いで待っております」というメールのコピーを布団の中で泣きながら読みました。とてもノリリスクに行けそうにもなかったからです。思うように治らず、自分はこのまま寝ついてしまうのではないだろうかと思いました。ウトウトしながら昔の母とのやり取りを思い出していました。

ジェームス・ディーンが流行らせたジーパンを私も履いていました。ところが母はあまり好きではなく、「それしかないの？」と言います。私はこれしかないから履いているのではなく「わざわざお金を出して買ってきたのよ、欲しくて」というと、別のものを履いて欲しいといいます。

私はジーパンがうまく履けるようになることが究極のおしゃれぐらいに思っているので譲りません。膝の後ろの丸みを帯びたシワや少し白くなっている膝のあたりは、かっこよくさえ思われました。わかってないなあと……。

又、私のくせ毛を心配して、ロングにしたらといいますが、オードリー・ヘップバーンが映画「ローマの休日」の中で髪をバッサリ切ってしまうシーンが好きで、ヘップバーンに似ても似つかないのは承知のうえで、あこがれの人の真似をしていました。

母は「ザンギリ頭」と言っていましたが、そんなのお構いなし。自分が病気になってみるとどうして母の言うことを聞かなかったのだろうとしきりに過去の自分が情けなく思われてくるのです。母は親の言うことをよく聞く私の友達のことを羨ましく思っていたに違いないと、可哀想なことをしてしまったなあと、自分がとてもダメな人間に思われました。

36 闇は続くよどこまでも

昼のうちはウトウトしているので夜になると眠れません。じっと闇の中で目を凝らし時間が過ぎてゆくのを待ちます。するとどういうわけか昭和四十四年に他界した父方の祖父、甚吉の姿が目に浮かびます。終戦後、生活の為に一時人に勧められて豚を飼うことになりました。既に鶏は飼っていましたがそれだけでは生活が回りません。人間が食べることで精一杯なので豚の餌を用意することが出来ません。

誰が勧めてくれたのか占領軍（当時は進駐軍と呼んでいました）のゴミ捨て場に、豚の餌になるものがあるというのです。祖父はリヤカーを引いてもらってきました。さんざん「鬼畜米英」と言っていた人がその人達のゴミをもらいに行くのです。どんな気持ちだったでしょう。その時の祖父の気持ちを思うと可哀想になります。

　ゴミの中には手の取れた人形も入っていました。引揚者だったのでおもちゃを持っていなかっ

母と共に（母のハンドバッグの中に入っていた）

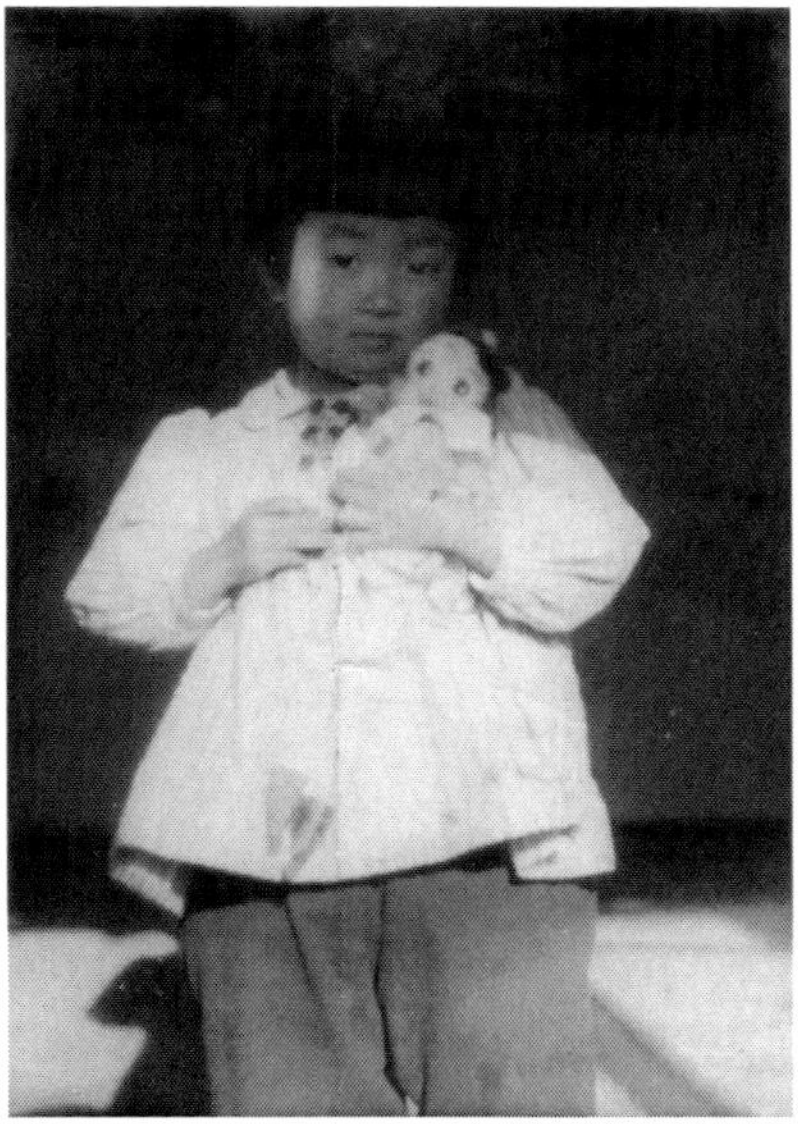
母の手作りの人形を持って（山口県防府市にて）

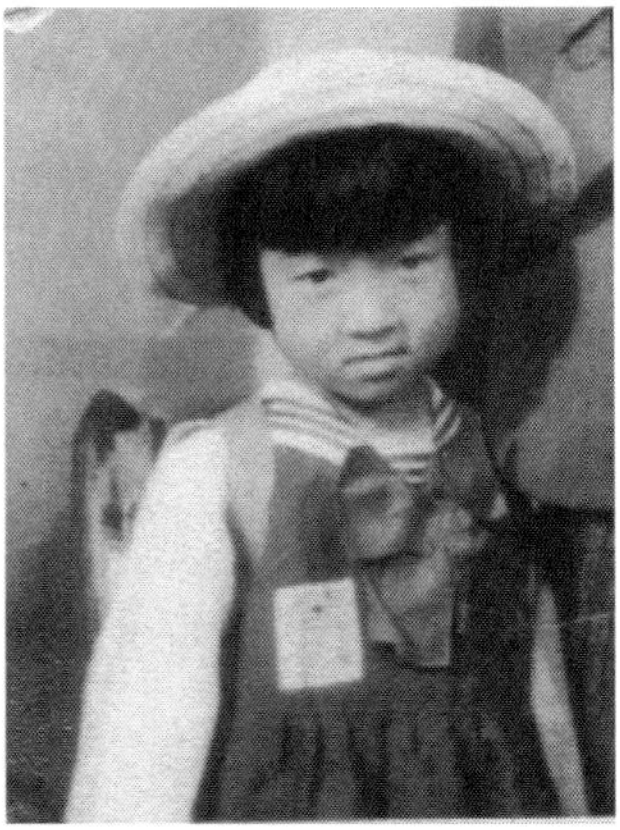
山口県防府市・小学校入学式「もう少し上をむいて」と言われてもどうしてもできなかった。（これが私の本質）

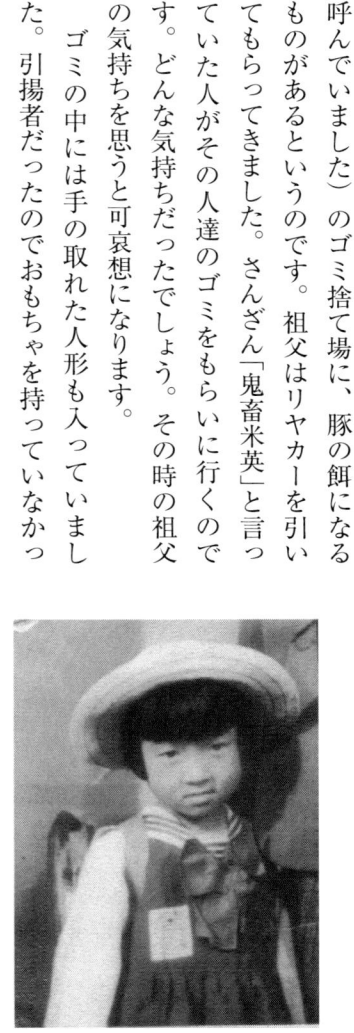

た私は嬉しくてそれで遊びました。それまでは祖母が使う和服のヘラ台で遊んでいました。私が手のとれた人形で遊んでいると、母があり合わせの布を集めて新しく人形を作ってくれました。それは当時のただ一つの私のおもちゃでした。

そしてまたしばらくウトウトすると、今度は昭和四十年に他界した祖母チヨノが現れます。目の細い吉田松陰に似ていました。ある時、防府市の近くのお寺に一緒に行きました。セミがジージーと鳴いていてサルスベリの花が咲いていたような気がします。私が平たい大きな石を見つけ、これは何かと訊くと、仏様の足跡だといいます。

「仏様ってこんなに大きな足をしていたの？　それにこの花の模様は何？　こんなものが足の裏についていたの？」「多分そうだったんだろうよ」フーン……。

本堂の下を覗くと材木がたくさん重ねてあり真っ暗でした。ここが地獄の入り口なのかと思いました。こんなことを思い出すなんて、私は地獄の入り口に立っているのかしらとふとそう思いました。

夜が明けると少し気持ちが楽になり、プーシュキンの詩を思い出しました。「苦しいことも やがて過ぎ去ってしまえば皆麗しいものになる」……、そうだといいのだけれど。そして又夜がやってきます。ああ闇だ、と思います。そんな時ふとある物語の中にある「僕はね、このシベリアへ送られてつくづく良かったと思っているのですよ。……人間が生きるということはどういうことなのか、このシベリアで学んだような気がするのです」と言う言葉が頭をかすめました。

あんなに過酷な目に遭いながらそれでも生きている自分が、その中で今を生きるとは……、と考えて生きてゆく。日本人の精神の強さのようなものを感じました。

そういえば日本人は古来、闇を楽しんできたふしがあります。なぜならいまだに「ぬばたま」と言う言葉が残っています。暗闇が深いほど飛んでいるホタルが美しく見えたり、普段聞こえない音が聞こえたり、吹いていない風の肌触りを感じたであろうし、目を凝らせば何よりも懐かしい人々の面影が見えたのではないでしょうか。そうだ！　この闇を楽しもう！　そして必ず抜けていこう！　この闇を……。

37 様々な交流

私の健康状態はもう慰霊碑完成には間に合わないのかと思うほどきついものでしたが、慰霊碑建立は明るく元気に楽しく取り組めるようなシロモノではないことを承知していましたので、そんな時期にぶつかることもあろうかと思っていました。しかし、さすがにこの時期は落ち込んでいました。ところが父母は再び私に微笑みかけてくれたのです。少しずつ散歩をしたり牛乳やリンゴを食べ、元気を取り戻してゆきました。親戚の吉松典子さんがにんにくと大豆とキノコの菌糸を粉末にしたものが良いと勧めてくれ、それを摂ることで予想以上に元気になりました。これはバッチリ効きましたよ。

よし！　こうなればこっちのもの。慰霊碑建立を更に進めてゆこう、それがわたしの「仕事」だもの！

そんな時、友人明道さんから電話が入り、「友達があなたの本を読んで点字に訳すと言ってくれたのよ」と嬉しい知らせをくれました。また新しい世界が開けていくような気がしました。川西先生が「ノリリスクに慰霊碑を建てる会」を立ち上げてくださり、朝日新聞の読者を中心に話し合いの会を開いてくださったり、友人三人で長いこと抑留問題を真剣に話しあったり、萩田こうこさんの知り合いのシャンソンの会で慰霊碑の話をさせてもらったり、高校の友人青木さんの居住地、豊橋へでかけて話をさせてもらったり……、これらの話をし始めるととても書ききれません。ですが、どの集まりもとてもよい勉強をさせていただいたと感謝しています。

たった一人で始めたことが何百人の人たちへと広がりを見せていったことは本当に嬉しいことでした。そうです、一が何百にもなるのです。嬉しいですね。何事かに取り組むということは、こういうことなのかと実感しました。全てのご好意を書ききれないことをお詫び申し上げ、この通り私を元気にしてくださったのも皆様のお力と、心より感謝申し上げます。

それから、抑留を体験された池田卓郎さんと朝日新聞をお読みになった角田俊晴さんより、私がもし本を書くことがあればぜひこの文を載せてください、とお便りを頂戴しておりますので載せさせていただきます。

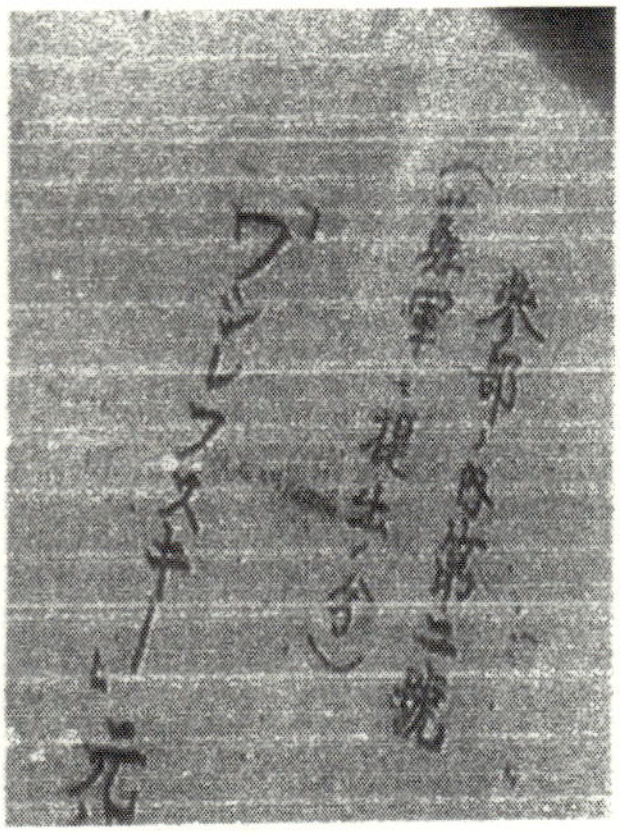

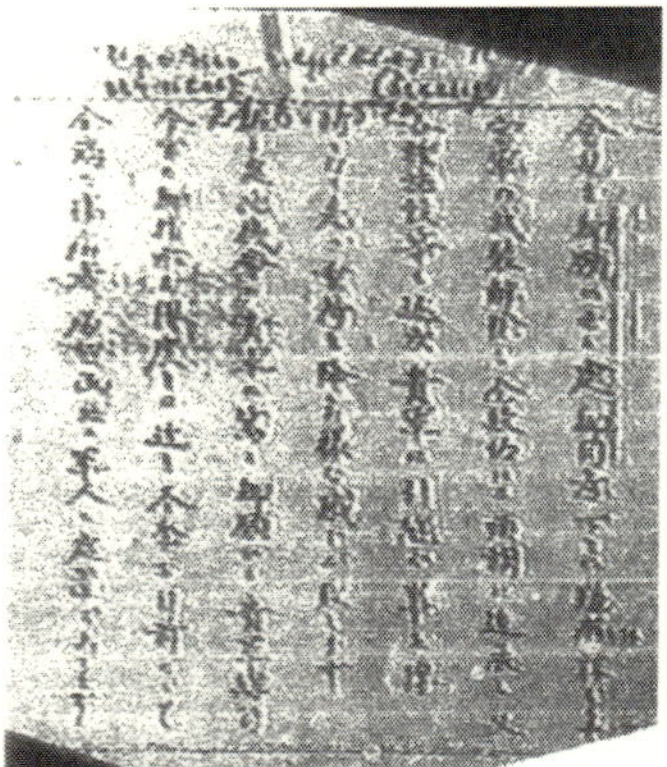

蘇軍極東総司令官ワシレフスキー元帥あて
日本国提出文書

會見を御願いした處御同意され有難存じます
當軍の武装解除も全般的には順調に進展し、又
各種施設等も逐次貴軍に引継ぐ事も
程なく先ず重荷を降ろした様な感じが致します
いま處此機會に貴軍に篇にお願いし貴軍総司令官の
御指示を得度くは近く冬季を目前にして
全満の傷病者、慰留民並に軍人の処置であります
蘇軍に協力、貴軍の経榮に協力する如く
お使い願い度いと思います 食糧、交通、一般
産業の運営に相當役立つものと考えます

池田卓郎さんの決意

この別紙の如く、日本国が在満日本人五十七万人をソ連に捨てたことから悲劇が始まり、約六万人の命が失われ、シベリアの大地に眠る事になったのです。

我々は、この停戦文書により連行され抑留された被害者である抑留者であって、戦闘間の軍事捕虜でないことを知ってほしい。

日本国は国内に向けて、「ソ連が不可侵条約を破棄し満州に侵攻し、強制連行して満足な食糧を与えず強制重労働させた」と報じ、悪者呼ばわりし、反露感情を煽りに煽って国民を欺きとうし、ソ連はというと、公文書上も軍事捕虜として処理、しかし国民のなかには既に終戦しているのだから国際法上、還すべきではないかという声もあり、同情をよせる国民もいたが、スターリン独裁の特高警察の網の目を張り巡らせ、国民一人一人が恐怖に怯えた日々の生活を送っていたことは、いまだに記憶に残っている。苦痛と悲惨な目にあったのはそれぞれの国民であって、六十五年余経過した今も猶、政府相互が歩み寄れない大きな要因はそれぞれの国民に隠し事を欺きとうしているからではないでしょうか?

樺太サハリン五十度以南は元々はロシア領であったもの、ロシアは北方四島がここで手に入れば、極東太平洋艦隊は冬季流氷にあっても暖流の影響で氷結しない海域が欲しく、最短で太平洋に出られるということ、戦前、ソ連の日本との不可侵条約の狙いは、津軽海峡を通るウラジオストク・横浜間定期航路就航の影に隠れ、極東艦隊が出入りして吊るし上げをくっているので、この四島を除いては千島列島間は冬季氷結し航行不能なので、かつてはこの艦隊は、冬季は袋の鼠同然の太平洋艦隊であった訳だから、軍事上喉から手の出る程欲しい海域で手放すことはないと思う。

当時、関東軍司令官は前もって大本営から極秘に停戦日を受けていて、司令官を含む軍司団員を除き、関東軍直属の者だけを隠密に停戦前日までに家族ごと鮮満国境を越え朝鮮半島領域に入り帰国させ、停戦後ソ連極東軍司令官に停戦文書を渡し、軍使特権を行使、関東軍専用機（定員十名、操縦士、機関士を含む）で秋田県内軍秘飛行場へ飛び身を隠し、六十五年余を経て未だにこの世に彼らの名をきくことはなかったが、その司令官を六十五年間捜し求めている大本営参謀であった父の娘に消息を尋ねられたことでもお分かり頂けると思います。

抑留を終え復員して年が経つにつれ、おおくのことを知れば知るほど許せないことばかり、日本国民でありながら日本の国は信頼できない国であり、いざとなれば容赦なく産業廃棄物同然に国民を捨てる国であり、許すことは出来ない。

この文書を見る度毎にいつもこんな思いに掻き立てられるのです。満州第八百部隊第二航空軍司令部参謀部にいて余りにも真実を知り過ぎているからでしょうか？……拘留中、人種差別なく人間として相手を思いやる心遣いをロシア人から学び、自己の最善を尽くす事だと生涯をかけています。

角田俊晴さんよりのお便り

この新聞記事を目にし、寄付させていただくに至った、私の心の推移をここに述べさせて頂きます。

私とソ連の第二次世界大戦参戦・シベリア抑留問題（読み飛ばして頂いても構いません）

私はいわゆる団塊の世代で、父は応酬されることなく、伯父は指揮パイロットで特攻の未熟な操縦士を引き連れ、突撃現場まで引導しましたが、無事帰還しました。母の四人の兄は全て鬼籍に入っています。父の従兄弟、母方の叔父もシベリア抑留などを経験せず、無事帰還しました。

従いまして私にとって、ソ連の第二次世界大戦参戦からシベリア抑留に到る歴史は、「教科書で学んだ」モノで、身の回りに経験者はおりません。

ソ連の第二次世界大戦参戦と、日ソ中立条約・独ソ不可侵条約

ソ連の第二次世界大戦参戦を極めて口汚く罵る論調は、昔も今も日本に満ち溢れています。しかし日ソ中立条約の破棄がヤルタ会議にて秘密裏に対日宣戦が約束されていたことがあった（以上、wikipediaから引用）事や、「盟友」ナチス・ドイツが一九四一年六月二十二日から開始された独ソ戦で、独ソ不可侵条約を一方的に破棄した事、そして何よりこれら中立条約・不可侵条約が、自国の軍事戦略の下に結ばれた点で、本当に平和を希求するものではなかった事に、留意する必要があります。

日本で特に恨みツラミが激しいのは、条約破棄通達後においても日本側は条約が有効と判断して、ソ連の仲介による和平工作をソ連側に依頼したが、ソ連はこれを黙殺し、密約通り対日参戦を行った（以上、wikipediaから引用）という点にある様に思います。

シベリア抑留等

残念ながらいわゆる「シベリア抑留」は、今日の、そして当時の国際常識にも反した、過酷な苦役だったと思います。ただ日本には「戦時の強制連行・強制労働」や、人体実験・捕虜の虐待という、これに勝るとも劣らない汚点があります。他人を批判する前に、自らが行った不当行為を詫びる、これが国際社会の中で信頼され、尊敬される一番の心得だと考えています。この観点は今もホットな論点である、従軍慰

安婦（性奴隷）問題も全く同様だと考えます。
以上の「心の軌跡の一端」を表明したくて、このメールを発信しました。
もし今回の慰霊碑建立に際して何か「文集」の様な物が作られる場合は、この拙文を片隅に掲載して頂ければ、この上ない喜びです。

38 なぜ助けなかったのか？

私は角田さんのお便りにお答えできるような見識は持ちあわせておらず、これらの問題を過去の問題として葬り去るのではなく、問題の根は何であったのかを私自身が考え続けることが大事だと思っています。また私達の後の時代を生きてゆく人たちに語り伝え、共に考えてゆくことも大切だと思っています。抑留の問題は間口が広く、奥も深いので世代を超えて解明を続けなければなかなか姿が見えてこないこともあると思っています。

ところで元抑留体験者の池田さんがこのようなお話しを寄せてくださいました。敗戦当時の日本は外地に残った兵士や民間人たちを助けるどころかソ連に対して「何かのお役に立つと思います、どうぞお使い下さい」、と国の民を差し出した、というのです。何と悲しいことでしょう。なんと腹立たしいことでしょう！

敗戦国ドイツも同じ目に遭いましたが、アデナウアー首相は早々と抑留された人たちを引き揚げさせる措置を取りました。日本はなぜ助けなかったのか？　鉛のようにいつも心のなかにその思いがどっかりと居座り消えることはありません。しかも、とらわれなかったユダヤ人たちがアウシェビッツ近くにユダヤ人村を密かに作り作戦を立て、ユダヤ人を一部奪い返すことに成功した話などを聞くと、日本にはそのような動きが一つもなかったのかと残念に思います。ナチスがパリを焦土にしようとしたその極限状態の中で、作戦をやめさせた対独交渉や、ナチスが奪った芸術品を戦火の中から奪い返した人たちがいた事、また逆にナチス党員でありながら南京市民を日本の虐殺から守ったジョン・ラーベの事を思うと、その頃の日本人は何をしていたのだろうと思います。

髪の毛一本一本の細部まで、悪魔が宿ってしまったのではないかと、一億玉砕だなんて皆死んでしまったら日本の国はなくなってしまうでしょう。元も子もなくなるではありませんか。滅びるために闘うのですか？　そんな意味のないことをして何になるのでしょう。わかっていてもどうにもならなくなっていたのかも知れません。それを繰り返してはいけないと思います。

ヒットラーは選挙で選ばれ、決してクーデターでその地位を得たわけではありません。ドイツ人の熱狂の元に選ばれました。私たちは今後ヒットラーを選んではいけない、と心したいです。一九六〇年、逃亡中のアイヒマンがアルゼンチンでモサドに発見されました。このニュースは衝撃的で私ははっきりと憶えています。よく長い間両者とも粘ったものだと思いました。その裁判を傍聴したハンナ・アーレントは「アイヒマンは普通の人だ」と言い大いに論議を醸しました。この「普通」とはしてきたことが普通だと言っているのではなく、人間としてごくありふれた人だという意味です。普通の人間が普通でなくなる状態に追い込まれることは恐ろしいことです。

抑留もそうではないかと思います。普通の人が恐ろしいことをしてしまうように追い込まれてゆくことはとても罪深く悲しいことです。誰だって好んで戦争をしたいとは思わないでしょう。一度戦場に立ってしまうと、殺される前に殺さなければと思うのが本能です。誤解を受けなければと思いながら書くのですが、一部のイスラム教徒も元は普通のおじさんやお兄さんだったのではと思ってしまいます。何が彼らにそんなことをさせるのだろうと考えこんでしまいます。

39 ある日梅を見に行く

なぜ助けなかったのかということの続きを少しここに書きたいと思います。父が抑留で苦しんでいた頃、日本は未曾有の食糧難に陥り、内地の人間の食料も確保できなかったので帰国者が増えることを好まなかった日本の状況があります。まさにパンを奪い合って食べる抑留生活と似ています。また迎えに行こうにも船が皆やられ、戦争で燃料も使い果たしていました。港はアメリカにより機雷をまかれて身動きがとれなかった、わかってます。それでも努力して欲しかった！　父を捨てないでください！　あまりにも悲しいではありませんか。

この辺で一息入れて楽しかった思い出を書きます。ある年の三月六日、夫と梅を見に行きました。三月六日は昔の暦によると「菜虫化蝶となる」と書いてありますが、今の暦と少しずれているようです。梅園は花盛り。大勢の人が訪れています。ふと気付くと賑やかな人たちがいます。中国の人たちです。中国のほうが本場なのではと思いつつ梅を見ていると、とても不思議な梅を発見しました。一本の木からたくさんの枝が出ているのですが、ある枝には紅梅が、ある枝には白梅が又ある枝にはピンクの花が、そして又ある枝には白と赤の入り混じった花が咲いています。そんなことがあるのかと驚き、「どうしてこんなふうになるのかしら？」と夫に訊くと、「梅に聞いてくれ、わからん」と言います。と、近くにいた中国人の小学五、六年の女の子が私の顔を見てにっこり笑っています。なんだろう？と思いました。あっ、そうか、あの子もきっとあの梅を見て不思議な梅だと思っていたのでしょう。言葉が通じなくても思っていることは同じなのだと思いました。私もおもいきり笑顔を返しました。そしてお互いに違う方向に別れました。梅も素敵だったけれど あの短いひとときもよい思い出だったと思っています。

よい思い出といえば、知人たちと軽井沢に行ったことがありました。好きなように好きなところを散歩しようとぶらぶら歩いていると、軽井沢聖パウロカトリック教会が目に入りました。寄ってみようということになり、そっとドアを開けると神父さんが「どうぞお掛けなさい」と言ってくれました。外人の神父さんはゆっくりと話しをしてくださいました。

「ああ、神よ、我をして御身の平和の道具とならしめ給え。我をして憎しみある所に愛をもたらし給え。争いある所に赦しを、分裂ある所に一致を、絶望ある所に希望を、悲しみある所に喜びを、闇ある所に光をもたらしめ給え。理解さるることよりも理解することを、愛さるることよりも愛することを求めしめ給え。赦すが故に赦され、己が身を捨てて死するが故に永遠の命を得るものなればなり」とおっしゃっていました。

自分が心底素直な気持ちになってゆくのを感じました。教会を出て細い小路を踏みしめながら新美南吉の「おじいさんのランプ」に出てくる言葉を思い出しました。

何か少しでもよい、世の中の役に立つことを考えるんだ。明るい光の方に向かって歩いていけるはずだ。

先人たちはよい言葉を残してくれていると思いました。

40　いつか「ごんぎつね」を

息子たちが幼かった頃、毎晩本の読み聞かせをしていました。子どもたちのお気に入りは「大工と鬼六」でしたが、もう忘れてしまっているでしょう。私にもお気に入りがあり「モチモチの木」「しろばんば」あとは殆ど忘れていますが 新美南吉の「ごんぎつね」も大好きでした。

ある所にいたずら好きなごんという狐がいて兵十という男に何かといたずらを仕掛けます。きっとさつまいものような顔をした兵十に何処か他の人間にはない、親しみを感じていたのでしょう。いたずらを知った兵十は仕返しをしようと火縄銃でごんを撃ってしまいます。まだ鉄砲の煙が消えないうちに倒れているごんの近くにプレゼントのクリが置かれているのを兵十はみつけます。実はごんはこっそりクリを拾って毎日届けていたのです。「お前だったのか、いつもクリを届けてくれていたのは……」ごんは静かに頷きます。そこで物語は終わります。私はこの物語が好きでいつの日か新美南吉の故郷、愛知県半田市に行ってみたいと願っています。

テレビで見たのですがこの物語に因んで南吉の住んでいた家付近の土手に彼が好きであった彼岸花を植え、市民たちは南吉を誇りにおもっているとのことでした。「クリをくれたのはお前だったのか」と思っても、すでに撃ってしまった鉄砲の弾は元にはもどりません。兵十は悪人ではなく素朴な人間です。ごんもちょっとしたいたずら者に過ぎません。死にゆくごんをただ見つめるほかはない兵十が哀れに思えてくる物語です。

この物語で好きなところは雨上がりのすすきの穂の表現やごんの住む洞穴の近くにハンノキがあり、

カーンカーンと打つ一見のどかに聞こえてくる葬式の合図や、お念仏の声がとても細やかに表現されていて、それもこの物語の何とも言えない魅力となっています。

この物語をいつかロシア語にしてロシアの子どもたちに届けたい……無論、ロシア語の上手な方によってです。私は子供の頃に読んだロシア民話が楽しかった事を思い出し、読み物を通して交流できればと願っています。

思い出します。小学校の小さな小さな図書室に、本当に小さな図書室でしたが、岩波少年文庫が沢山並んでいて、そう、ブルーの表紙のシリーズでした、「イワンのばか」や「美しきヴァシリーサ」や「火の鳥」などを読みました。もう内容は忘れてしまいましたが楽しくてワクワクしたのを思い出します。その中にババヤガーという怪物のようなおばあさんが出てきて、今、思うのですが、ババヤガーってひょっとして今の私の事？　どうみたって私は妖怪そのものでしょう。そう思ってしまう今日この頃です。

41　絵本「シンデレラ」

絵本で思い出すのは山口で小学校入学記念に母から買ってもらった本が「シンデレラ」だったことです。今でも持っているのですから、その後何度も引っ越しをしながら捨てられずにいたわけです。当時本というものが家に全く無かったので読んで読んで読みまくり最後には全文暗記をしていたほどでした。

その後、東京で表紙が取れ、それをセロハンテープで補修をし、そのテープが劣化してセロハンの部分が剥がれ落ち、それをまた新しいテープに張り替えるということを何度か繰り返していました。

大きな本の割に軽く、ちょっぴり独特の酸味のある匂いがし、茶色いシミがあちこちにありますが、色は美しく、今読んでもリズムがあって楽しい本です。

それにしても母はなぜこの本を選んだのでしょう。他にも本はあったのでしょうが……。

ここからは私の推測ですが、母は父という王子様を見つけ、といってもお城に住んでいたわけではありません、ただの農家の息子でしたが、幸せに暮らしてゆくはずでした。その夢は叶いそうもなく、せめて私にその夢の続きを生きて欲しいと願ったのではないだろうか、と。今思うとそんな気がします。さあ私は果たしてシンデレラになったのでしょうか？　シンデレラになれるはずがないことはもともとわかっていたのですが、どうも自由気ままが好きでのんべんだらりと生きていくのが性にあっていて、シンデレラはとてもつとまりそうもありません。ババヤガーはシンデレラにはなれません。

42　これが揺らぎ？

私が「シンデレラ」を買ってもらったちょうどその頃の思い出です。山口のその頃の冬はとても寒かったのです。母も私も綿入れを着ていました。祖母が近くに住む末妹の嫁ぎ先に何か届けて欲しいといいます。それも夜にです。きっと急ぎの物だったのでしょう。母と二人で家を出るとあたりは真っ暗です。何しろ今と違って電信柱はなく、我が家の東側は畑や田んぼが広がっていて、少し離れたところに家が二、三軒建っているだけでそこから漏れてくる光は大したことはありません。

暗い中で下駄の音だけが妙にはっきりと聞こえてきます。南に少し歩き右に曲がり醤油の臭いがしてくるとツネノおばさんの家の近くです。おばさんの家の近くには「門田醤油」という醤油製造所がありました。

用を済ませてまたカラコロと下駄の音を立てながら北の方へ歩いてゆくと向かいの山に美しい光がいくつか見え、それが溢れるように動くのです。二人でしばらく立ち止まって見ていました。あれは何かと訊くと母は「農民道場」だといって、「お百姓さんが勉強をしている所」だと教えてくれました。

この光の不思議さが後年わかりました。高校の理科の先生が、なぜクリスマスに星が瞬くのかを説明してくださいました。寒い冬の夜、地上付近の冷たい空気が移動する時、遠くに見える光源は揺らめいて見えます。これを「揺らぎ」と言いますと……あっ、あれだ！　と、すぐに「農民道場」のことを思い出しました。山の麓と中腹と頂上付近にあった道場から発する光が風によりウロウロとまるで動くように見えたのです。

あまりの美しさに母と私は黙ってしばらく見ていました。私は用水路の縁に立って母はその近くで。母はきっと無事に引き上げてきて、取り敢えず安心したものの父がどうなっているのかもわからず、今の自分が幸せなのか不幸なのか、よくわからない気分で見ていたに違いありません。私は後年、母とよく喧嘩をしていたけれど、悪い思い出ばかりではない、こんなに素敵な珠玉のような思い出があるではないか、私の傍らに母がいたのだと。

よい思い出をたくさん引っ張り出して、もう一度母にとっての自分の位置づけを思い直してみようと思うのです。

43「シベリア物語」と「夜明け前」

上京してまもなくだったような気がします。小学三、四年の頃、母は知人に勧められた映画「シベリア物語」を一緒に観に行こうといいました。「いい？　この映画にお父さんのことがわかるかもしれないところが出てくると思うのでしっかり観ておきなさい」といいました。

この映画はソ連映画で、母は、恐らく父はシベリアに送られているので、これを観れば何かわかると思ったようです。映画館は人でいっぱいでした。今の映画館事情と違い、いつ入ってもいつ出てもよいのです。途中から観たらその途中までを観ればよいのです。しかも通路に立って観てもよいのです。定員というものがないのです。

当然子どもの私は大人の後ろで何一つ見えません。時々ぴょんと飛び上がってみるのですが映写幕の上の方がちらりと見えるだけで長い時間その状態で我慢していました。母が帰るよというので館の外に出ました。母はプンプンに怒っていました。「何のことだかさっぱりわからん！　日本人が出てこん」急に広島弁になっていました。今でもどんな物語だったのだろうと思います。誰かが恋愛物語だと教えてくれたことがありますが、それで母は怒っていたのだと思います。

その後何年か経って、「夜明け前」というソ連映画を観ました。主人公はムソルグスキーでカラー映画だったのを憶えています。シベリアに関係があるかもしれないということで観たのだろうと思います。内容はよく憶えていません。一つだけ憶えているのは、夜明けがなんとも重々しく、焦げ茶色から黒々とした臙脂色になり、やがて明けてくるのです。苦いような夜明けでした。

今思うとこれは、「夜明け」を何かに例えていたのでしょう。プロパガンダの一つだったのかもしれません。何しろ私は外国を理解していないことと、中でもロシアを理解していないこともあって、何のことやらさっぱりわかりませんでした。

しかし、ムソルグスキーの音楽は好きです。「展覧会の絵」は日本でも人気です。学校の音楽室に目のギョロッとした彼の肖像画がありました。この映画もいつか観直したいと思っています。

44 二〇一四年 ノリリスクへの出発準備（その一）

そうこうするうちにまた、秋が巡ってきました。ノリリスク博物館から慰霊碑の形がかなり整ってきたのでいらしてくださいとのこと。私の健康はすこぶるよく、ずっと続けてきたノリリスク行きの準備に更に専念することが出来、充実した時間を過ごしておりました。ノリリスク博物館から入市のための書類をもらうこともクリアしました。これはかなりの時間を要しました。入市四ヶ月前には申し込んで欲しいとスベトラーナさんから言われ半年前に入市許可申込み書を博物館に送りましたが、それでもなかなか許可が下りずヒヤヒヤの連続でした。

思い起こせば小さなことの積み重ね。出来ると思われることを一つ一つ実行に移してきたその繰り返しでした。どれも大事な作業と思って面倒と思わず雑にせず大切にしてきたつもりです。今はそれを細かく思い出すことも不可能ですが色々あったなと思います。苦しかったこともそれは全て自分の栄養になったと思えばよい、貴重な体験をさせてもらったと思えばよいと思っています。資金は朝日新聞の呼びかけで全国の方に協力して頂き、また友人知人の協力も得ることが出来、みなさまのお力添えで慰霊碑の建築費を賄うことが出来ました。これはただの「お金」ではありません。慰霊碑の石となり、セメントとなり、プレートとなり、ネジとなり、刻印した一文字一文字となり未来永劫ノリリスクのゴルゴダに輝くことになります。無論私を助けてくれたのはお金ばかりではありません。どんなに温かい励ましが私を助けてくれたのかわかりません。私はこのゴルゴダが舞鶴のように世界遺産登録できるように今後動いてみたいと思っていますが どうなるでしょう。これが意見の食い違いから新たな国際間の火種となってはいけません。しかし これは万人が心に刻まなければいけないことの数々を具現化しているとも思えます。

アフリカでは世界遺産として「黄色い館」を申請して通りました。アフリカの奴隷海岸にかつてアフリカ人を奴隷として「輸出」していた港があり、そこの「奴隷の館」に次々とアフリカ人達が連れてこられ、そこから北米や南米に売られていきました。その黄色い建物を世界遺産に登録したそうです。そのいきさつは今でもその建物を所有している館の子孫（実はアフリカ人を売る側であったアフリカ人の子孫）が自発的に地域の人たちと共に登録申請をし、達成したのだそうです。その子孫と地域の人たちは仲良く暮らしているとのことです。過去の負の遺産の意味を常に確認しながら生きていくことの大切さを日常生活の目の前に置いておきたいと願ってのことでした。負の遺産は私たちに大切なことを語りかけてくれるかけがえのない遺産だと思います。

ところで話は変わってマリヤさんは慰霊碑の代金の支払いなどを全部請け負ってやってくれました。集まったお金全てを指定の口座に振り込んでくれました。領収書は私が保管をしております。マリヤさんは行動したことの全てをわたしに言わずに、忙しさの全てを請け負ってくれていました。どうも飛び回っていたようです。国が絡むとどうしても私の手に負えないので、彼女が歯をくいしばって頑張るよりほかはなかったようです。本当にありがとう。今でもあの頃の忙しそうな彼女を思い出すと頭が下がります。本当によくやってくれたと思います。

45 出発準備（その二）

いつから彼女は絵を描き始めたのでしょう。かつての級友の明道さん。十年位前からでしょうか、とても素敵な水彩画を描きます。作品展をするたび声をかけてくれ、朱牟田さんや山口さん、そしてこうこさんとおしゃべりをしながら、この絵はどこで描いたのか等、苦労話しを聞くのはとても楽しいものでした。そして、彼女の絵の魅力はどこからくるのだろうと考えるようになりました。画面の向こうから来る光がとても美しく、手前に見える幾種類もの影の色が微妙に違い、美しい紫色のグラデーションに目を見張ります。それが彼女独特の持って生まれた性格の明るさを強調しているように思えます。

そうです。彼女の名前は陽子さんです。影を描きながら、いつもどこかに明るさを感じさせるのは太陽の陽子さんだからかな。「決めた！」と思いました。私は彼女にお願いをして絵をはがきとして沢山コピーしてもらい、それをロシア人たちとの交流に役立てたいと思いました。

彼女は二つ返事で百枚のコピーをプレゼントしてくれました。挨拶をする時、「これは友人が描いた絵です」と言って渡すと、ああ、みず絵の国、日本、と思ってくれるのではと思いました。

これがノリリスクで大活躍をしました。これは後でお話しします。よいおみやげが一つ準備出来ました。

次にやはりお菓子でしょう。まず保ちがよくなくてはなりません。甘い物はロシアの方が得意です。モロゾフのチョコレートは日本にもファンが沢山います。小麦粉を使った菓子は向こうにも色々ありますので、日本らしく米を使った菓子にしようと思いました。米は日本では主食ですが、ロシアではおかずです。付け合せにほんの少々長粒米が出てくることがあります。

よし！　揚げ煎餅だ！　と思いました。（当たりでした。持って行くとスベトラーナさんやボールギンさんがボリボリとよい音をさせて食べていました。）そこへ、友人三和子さんから和菓子を慰霊碑にお供えしてちょうだいと届きました。彼女はお父さんが南方で戦死されたということで、私が慰霊碑を建てることにずっと関心を寄せてくれていました。

ノリリスク市長にも挨拶に行くので、日本に親しみを感じてもらうにはどうしたらよいか色々と作戦を考えました。そこへ、川西先生からノリリスクに行きたいとの連絡が入り、慰霊碑を建てる会の会長として、ノリリスクを見ておきたいとのことでした。

私は現地の慰霊碑がどの程度進んでいるのかはわかりませんでしたが、もう待てない気持ちで、一日も早くノリリスクの地を踏みたくてたまりませんでした。

今思うとノリリスクでも色々あったことと思います。私にいちいち細かいことを言わないまでも、すんなりと進んでいたかどうかはわかりません。きりきり舞いをしていたかもしれません。何しろ自分たちで「陸の孤島」と言っているくらいですから、物の流通が速やかでないことは確かです。何か部品一つでも足りないと手に入れるのに大変な苦労をします。その苦労がなかったとはいえません。どんなに皆さんにご苦労をお掛けしたことだろうかと思います。しかし苦労をし合ったことで慰霊碑はよりお互いの心に強く残されていくことになりました。

さあ、いよいよ出発です。老骨に鞭打って気合に気合を入れ、仏壇に向かって父と母に挨拶をしました。

「父さん、母さん、気を引き締めて頑張るからね！」

46 ロシアでの日々

二〇一四年九月十九日成田発、九月二十日、協力してくださった抑留研究者カタソーノワさんと会います。ドンスコイという修道院に日本人抑留者のための慰霊碑があるとのことで、行くことになりました。斎藤六郎さんの建てられた慰霊碑を見つけました。斎藤さんは抑留から解放されシベリアより帰国後、抑留に関して色々な働きをされたことで有名な方です。

どなたが手向けられたのか花がありました。静かな修道院。人もまばらで、ここに慰霊されている日本人たちの運命の苛酷さを考えさせられました。

その後「一番星」という日本料理店に行きました。ここは川西先生がロシア滞在中によく使われたお店だそうです。マリヤさんもいっしょに、東京新聞と毎日新聞の記者さんたちとお会いして今までの経緯をお話しました。

九月二十一日、いよいよモスクワを経ってノリリスクに行くわけですが、ここで大変お世話になったお二人の事を書きます。

一人はマリヤさんのお母さんイリーナさんです。どんな方かと、とてもお会いするのを楽しみにしていましたが、芯のしっかりした方だと感じました。ソ連時代とその後の混乱を経て、現在に至るまで生き抜いて来られたのですから当然でしょう。

そして、ボランティアで私達をダマジェーダバ国際空港まで送ってくれる事を引き受けてくれたアレークさん。アレークさんは根っからの陽気な男性で、いつも冗談を言ってはワッハッハ、ワッハッハと大笑いをします。こちらもつられて笑ってしまいます。マリヤさんのお母さんはこれから大仕事をする娘をじっと見つめています。

その後、空港でノリリスクに入るための寒さ対策をして機内に乗り込みます。これを怠ると現地でタラップを降りる時、えらい目に遭ってしまいます。北極圏を侮ってはいけません。この日の天候は良くなく、四時間三十分の飛行予定が降りられずに八時間かかってしまいました。私は眠りこけて知らずにいましたが、マリヤさんは一旦違う空港で油をチャージした時に、改めてロシアは広いと感じたそうです。

ノリリスク空港にはノリリスク歴史博物館のジーマさんが迎えに来てくれていました。（ああ、何と、十年ぶりのノリリスク。あの時は母の散骨に来たけれど、空港の様子が少し変わり、人の行き来も増えて混雑し、今度は慰霊碑のことで来ている自分がここに居るのだ……）胸がいっぱいになるのを抑えて車中の人となり

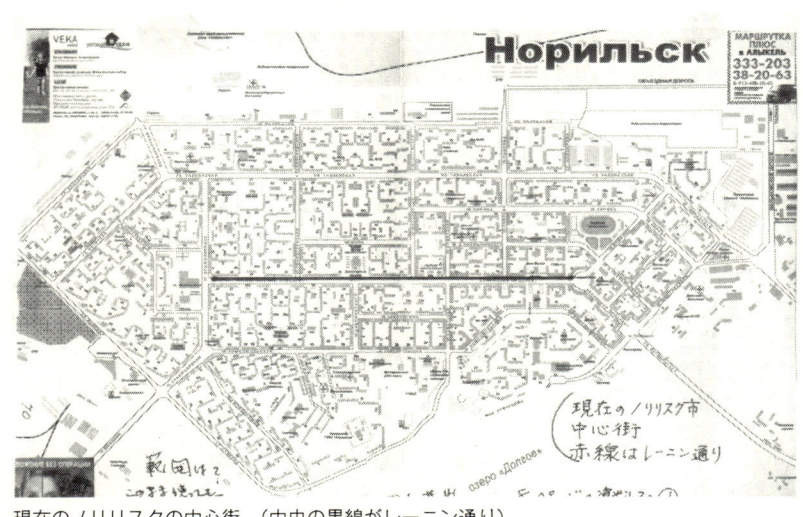

現在のノリリスクの中心街。（中央の黒線がレーニン通り）

ました。

ジーマさんは日本語を少し練習したようで「こんにちは」と言いました。その一言でいっぺんに空気が和らぎ、私も「ズドラーストビーティエ（こんにちは）」と返しました。道々暖房用の太いパイプが辺りに通っているのを横目に見ながら、誰もいない飾らない大地を走り続けました。

今、私はノリリスクを走っているのだ、この道を走るまでにどんなに長い時間を費やしたことだろう。広々とした大地は、小さな人間を飲み込んでしまいそうに悠然と広がっているのでした。

47 ノリリスクの生徒たち

私はノリリスク中心部への道を移動しながらふとこんな歌を思い出し、替え歌を心の中で歌っていました。

この道はいつか来た道
ああ そうだよ
マリーナさんと（当時の通訳さん）
二人で行ったよ（十年前の母の散骨）

あの丘はいつか見た丘

ああ そうだよ
今日も静かに
迎えているよ

この道はいつか来た道
ああ そうだよ
母と一緒に
揺られていたよ

あの雲はいつか見た雲
ああ そうだよ
父もきっと
見ていただろう

疲れきった私達を乗せた車はやがて市内に入っていきました。ああ、そうそう、レモンをスライスして半分にしたような飾りのギリシャ風建築の博物館が見えてきました。なんとここからノリリスクにおける慰霊碑作りの取り組みが出発したのです。込み上げてくるものがありました。ひとまずここを通り抜けて、ノリリスクホテルに入りました。

とにかく五分でも良いから横になりたいという気分でした。ああ、なんと入り口は母と来た時となんの変わりもありません。しかし中はずいぶん改装されていて、飲み物の自販機まであります。

部屋でひっくり返っていると、マリヤさんに連絡が入りました。シュコーリニキが待っているので、博物館で話をしてほしいけれどどうでしょう。と、シュコーリニキというのは小中高一貫校の児童生徒たちを指します。私は即座にＯＫしました。交流のないノリリスク訪問はつまらないと思っていました。「ラッキー！」、トランクの中から、持ってきた資料を出しました。小学生だとばかり思い込み、日本の古くからの玩具、竹とんぼを見せ、そこから話に入っていこうと思っていました。ところが、待っていたのは高校生たちでした。

48 お互いが近づいてゆく

博物館の集会室に入ると、ネクタイをした男子生徒や可愛い服の女子生徒に混じって、市民の姿も見えました。竹とんぼは使えない、よし、ロシア語で挨拶だ！　と思いました。私が以前、経堂でロシア語スピーチコンテストに出た時、友人こうこさんに励まされ、数えきれないほど練習した甲斐があって、「わたしはサーシャ」をほぼ淀みなくいうことができました。サーシャというのは私の名前サチコをロシア風にもじったものです。コンテストに出たことは、結果的にはあまり意味をなさないものでしたが、まさかノリリスクで市民との交流にこうした形で活かされるとは、どこに幸せが転がっているのかわからないものだと思いました。

「わたしはサーシャ」は自己紹介をするにはちょうどよい内容と時間でした。終わると割れるような拍手が私を包みました。ロシア人には何と下手なロシア語だろうと思われるシロモノに力強い拍手です。泣きながら勉強したロシア語、それでもこれはお互いの心をつなぐ大事なツールだったのです。同時に、言葉とは魂の響きなのだと再認識しました。

次に私は慰霊碑建立の許可をくれた市長と、私をずっと支えてきてくれたスベトラーナ館長と博物館員の皆さんへのお礼を述べ、なぜ今日まで頑張ることができたのかを話しました。

「それは、人間としてのロシア人を信じたからです。ロシア人も日本人も同じ人間です。私の気持ちを理解するロシア人がきっといるはずだと……そして必ず手助けをしてくれるはずだと、信じてきた甲斐がありました。慰霊碑は完成に近づいていました。そうです。戦争がお互いを敵味方に分けなければ、私たちは友人でいられるのです。今日のようにね。戦争をしてはいけません。そうならないようお互いに努力しましょう！」

時あたかもウクライナとロシアは紛争をしていました。しないでほしいと思っていた戦争が始まっていたのです。残念に思う気持ちは伝わったでしょうか。その後、慰霊碑に込めた思いや慰霊碑の説明文などについて話しました。慰霊碑に記述する文を私がたどたどしく読むと、先ほどにもまして大きな拍手をしてくれました。彼らは身を乗り出して聞いていました。彼らが身を乗り出すと、私もつられて思わず前かがみになってしまいます。向かい合っている私たちは、どんどん近づいてゆくような気がしました。

最後に女子生徒が質問をしました。「仕事は?」「ダマハジャイカ（主婦）」「趣味は?」「ロシア語の勉強です」。

するとあちこちからなんとも言えない笑いがおこりました。きっと、自分たちが何気なく使っているロシア語を趣味にしているというのがおかしかったのでしょう。それでもその笑いの何と共感に満ちた、温かな頑張れよという励ましのこもったものであったことか、それはその場にいた私が一番に感じたことでした。ありがとう、頑張るよ。物忘れの大家ではあるけれど、単語や文法そして会話文を勉強することを引き続き頑張るよ。あなた達に誓うよ！

本当に頼もしい青年たちと出会い、意義ある時間を過ごせて幸せでした。今もあの青年たちを思い出すと、未来は暗いばかりではないと思えてくるのです

49 市長と会う

二〇一四年九月二十三日、日本ではお彼岸の中日ということで、きっと墓参りに行く人々であちこちが賑わっている頃だろうと想像しながら、市庁舎に向かいました。とても大きな体格のアレーク・ゲンナデビッチ・クリーラフ氏が二人の副市長を伴って現れました。自己紹介をし握手を求めると、これ又、大きな分厚い手で「ようこそ」と言ってくださいました。メガネの奥の目は優しく微笑んでいました。市長室にはプーチン大統領の写真。ロシアでは市長室に飾る習慣があるのだそうです。

私は、慰霊碑を建てる許可をくださり、長年の希望が叶いとても嬉しいとお礼を述べ、明道さんの絵葉書を何枚か渡し、うちわを差しあげました。ノリリスクは乾燥しているので、蒸し暑いという経験がないと思われます。日本は、夏とても暑く、昔の日本人はこのような「うちわ」を作って扇いでいたことを説明すると、「おちあ?」「いいえ、うちわです」目を丸くして見ています。

秘書の女性たちには日本手拭いを渡しました。「日本のタオルですよ」、彼女たちもニッコリです。ノリ

リスクが外国人立入禁止の場所でなければ、私の住んでいる地域と姉妹都市になれるといいのだけれど、とそんなことを思いながらとても和やかな三十分が過ぎてゆきました。

忙しい氏との時間は瞬く間に過ぎ、市庁舎を後にしました。十年ぶりの再会です。歴史博物館に行きスベトラーナさんと十年ぶりの再会です。「まあ、サチーカ、ちっとも変わってないじゃない?」「お久しぶりです、いろいろとありがとう」、病気をしたと聞いていたので心配しましたが、何と前回会った時よりガッシリと丈夫そうで安心しました。十年前と違って建て替えをした博物館は、とても綺麗で館長室も立派でした。

日本土産の煎餅を渡すと珍しそうに食べていました。博物館員は全部で八十名ということなので皆さんに一枚ずつと言って、明道さんの絵を渡しました。私の自慢の祖国をアピールしたかったのです。

「ではまだ完成していないけれど仮の慰霊祭を行

「スベトラーナさん、ありがとう。あなたがいてくれたお陰で頑張ることができました」(ノリリスクのゴルゴタにて)

いましょう」と、ゴルゴダの丘に出かけることにしました。博物館からおよそ十五分の旧地区（昔抑留されていた人たちが働いていた地域）にでかけました。暫く車で走ると、何と懐かしいチャペルの屋根が見えてきました。そうそう、この水色！　ロシア独特の水色と白の組み合わせ。私はこの地に来たのだ、車を降りたとたんに涙が止まらず、ただずっと泣いていました。

私はすぐに行動を起こすこともできず、背負ってきた時間がここに濃縮されたかのようにひたすら泣き続けました。しっかりしなさい！　祥子！　ほら！　しっかり！　ようやく顔をあげました。するとスベトラーナさんの顔が側にありました。「スベトラーナさん、あなたがいたので何年も頑張ることができたのよ。ありがとう」そう言って又泣きながらしがみつきました。慰霊碑は途中だけど確実にできるところまで持ち込んだのだ、何と嬉しいことではないですか。よくここまでくることができた！　さあ、お参りをしよう。

私は台まで出来上がっている慰霊碑に供え物をしました。茶碗に生米を入れ、木の椀にインスタント味噌汁を、湯のみにインスタント茶を入れ、三和子さんが預けてくれた和菓子を置き、ドライフラワーを花瓶に差し、さて線香に火をつけようとしたのですが、あまりにも北極の風が強くライターの火が消えてしまいます。運転手さんが車の中で点けてくれました。そして長い祈りを捧げました。日本から来ましたよ。

50　仮慰霊祭の後で

ホテルに戻ると、マリヤさんの知り合いのバロージャさんが市内を少し案内してくれるとのこと。マリヤさんはモスクワに住んでいた頃､合気道を通してバロージャさんと知り合いだったのです。「黒いチューリップ」というノリリスクから戦争に行って亡くなった若者の慰霊碑や、現在のノリリスク市の共同墓地を案内してくれました。また、ホテルに戻ってコインのコレクションを見せてくれました。日本のコインも持っていました。

面白い話をしてくれました。「この間、体育館で合気道の練習のためロッカールームで袴を履こうとしていたら、友人がなぜお前はスカートを履くのかと言ってきた、アッハッハッハ」それはおかしい。私達も大笑い。

バロージャさんと別れて、忙しい一日は終わりました。ほっとしているとマリヤさんが部屋中を見回して、「この部屋はとても懐かしい感じがする」と言います。部屋の作りがソ連時代と同じで、食器棚の位置や中に置かれている食器やその並べ方が同じだというのです。懐かしいを連発。この部屋が気に入ったようです。ではこの辺でラーメンでもと､私達は日本から持ってきたカップラーメンにお湯を注ぎました。ロシア料理は美味しいのですが、日本人はどうしても味噌や醤油が恋しくなるのです。ノリリスクホテルですすったラーメンは、とてつもなくおいしく感じられました。

51 見学の一日

九月二十三日、とてもよい天気でしたが、北極圏とはなんと寒いところなのだろうと思いました。経験したことのない風の冷たさです。気温を尋ねるのを忘れましたが、私には異常としかいいようがありませんでした。

博物館をゆっくり観たことがないので見学させていただくことにしました。一階がこの辺りの生物、二階が鉱物、三階が抑留関係の展示と大きく分かれています。こんなに寒いところに生き物がいるのかと思っていましたが、かなりたくさんの生物がいるのに驚かされました。植物も動物も逞しく生きています。

二階は鉱物ですが、さまざまな鉱物を見ながら、ふと中学時代にいだいた疑問を思い出しました。大谷猛先生が「地球の真ん中は鉄とニッケルで出来ている。それは個体である。その周りをケイ素とマグネシウムを主な成分とするものが動いている。その又周りをケイ素とアルミニウムを主成分とするものが回っていて、いま我々がいるところはりんごの皮のように薄いところだ」とおっしゃいました。

私は地球の芯が個体だとどうして分かるのだろう、どうやって調べたのだろう、とてつもなく大きい地球を調べるのは大変ではないかと思った、そのことを思い出したのです。地球の中心に個体で存在しているはずのニッケルが、どうして火山もないノリリスクに固まって存在しているのだろう。

マリヤさんにそう言うと、「それは誰も答えられないでしょう」と。しかし、必ずそれには答えが存在するはずだ、それを調べようとする人が出ないだろうかと、ふと一昨日会った青年たちのことを思い出しました。銅にしてもそうです。驚くほど産出されるのです。安定陸塊のノリリスクに何故こんなに鉱物の山が……鉱物標本を見学しながら、「不思議」な思いが次から次へと湧いてくるのでした。

52 三階に移る

三階へのプロムナードを歩きながら、私はこんなことを思い出していました。一九九〇年、母とノリリスクに来たた時、父が居たであろう場所を歩き、大泣きに泣いた後、不思議な事に気づきました。主婦でもある私は雪に埋もれて十ヶ月も暮らすのであれば、布団干しはどうするのだろうと思い、母にそのことを言うと、「何言ってるの！　ここまできてそんなことは今どうでもいいでしょ！」と、わかっています。つい先程まで抑留の苛酷さを思い泣きに泣いていたのに、ふとそんなことを考えてしまうのです。

私は父のゆかりの場所の確認と同時に、ノリリスクの生活の肌触りのようなものも感じて帰りたいと思っていました。人々が生きて生活していることの実感も憶えて帰りたいと思ったのです。今回はそれができるでしょうか、と、三

ノリリスク博物館３階の日本人コーナー
上段左から２枚目は松井覚進さん（ジャーナリストとして入市取材）

階に着きました。各国の抑留を受けた人々の中で、有名な人々が展示されていました。ここは特別ていねいに学芸員の女性が説明をしてくれました。この様子はマリヤさんに書いてもらう方がよいかなと思っています。有名人の祖国も多岐にわたり、私の知らない人物がずらりと写真入りで解説されているのです。私が知ってるのは、アンナ・アフマータワという女流詩人の息子がここに収容されていたということです。彼女は悲劇の人です。他に有名な建築家で名前は忘れましたが、この永久凍土の地、ノリリスクにどうしたら高層建築が建てられるのかを研究し実践した人で、特に詳しく展示されていました。

そうか、私の宿泊しているノリリスクホテルも高層建築です。夏は微妙にゆるみ、冬はギュッとしまる。このややこしい大地に高層建築を建てようと思いついたことそのものが凄い。囚われの身でありながら、その身を嘆くばかりでなく、明日を信じ自分の建築知識を人々の為に役立てようとしたのだと思いました。

そして特筆すべきはこの博物館に、「日本人コーナー」があることです。素晴らしいと思いませんか？　私が幼いころ父と母と三人で撮った写真、母の写真、私が慰霊碑建立を願って書いた手紙、取材で入られた朝日新聞の記者、松井覚進さんの写真などなど。

母は表向きはやわらかな感じの人でしたが、その意志の強さには脱帽です。が、なんとここではニッコリ笑っているではありませんか。ここで私が来るのを待っていたの？　今日は布団干しのことは聞きませんから心配しないで。

そして今は亡き松井さん、あなたがノリリスクへのきっかけをつくってくださいましたね、ありがとうございます。来年は完成ですよ。もう少し待ってくだされればご報告できたのに。時間というものは逆さまに動いてはくれませんね。足が止まって動きません。

でも行かなければなりません。後の予定もあります。久しぶりに会った写真の母、懐かしい松井さんに

アジア系先住民の人々の暮らし

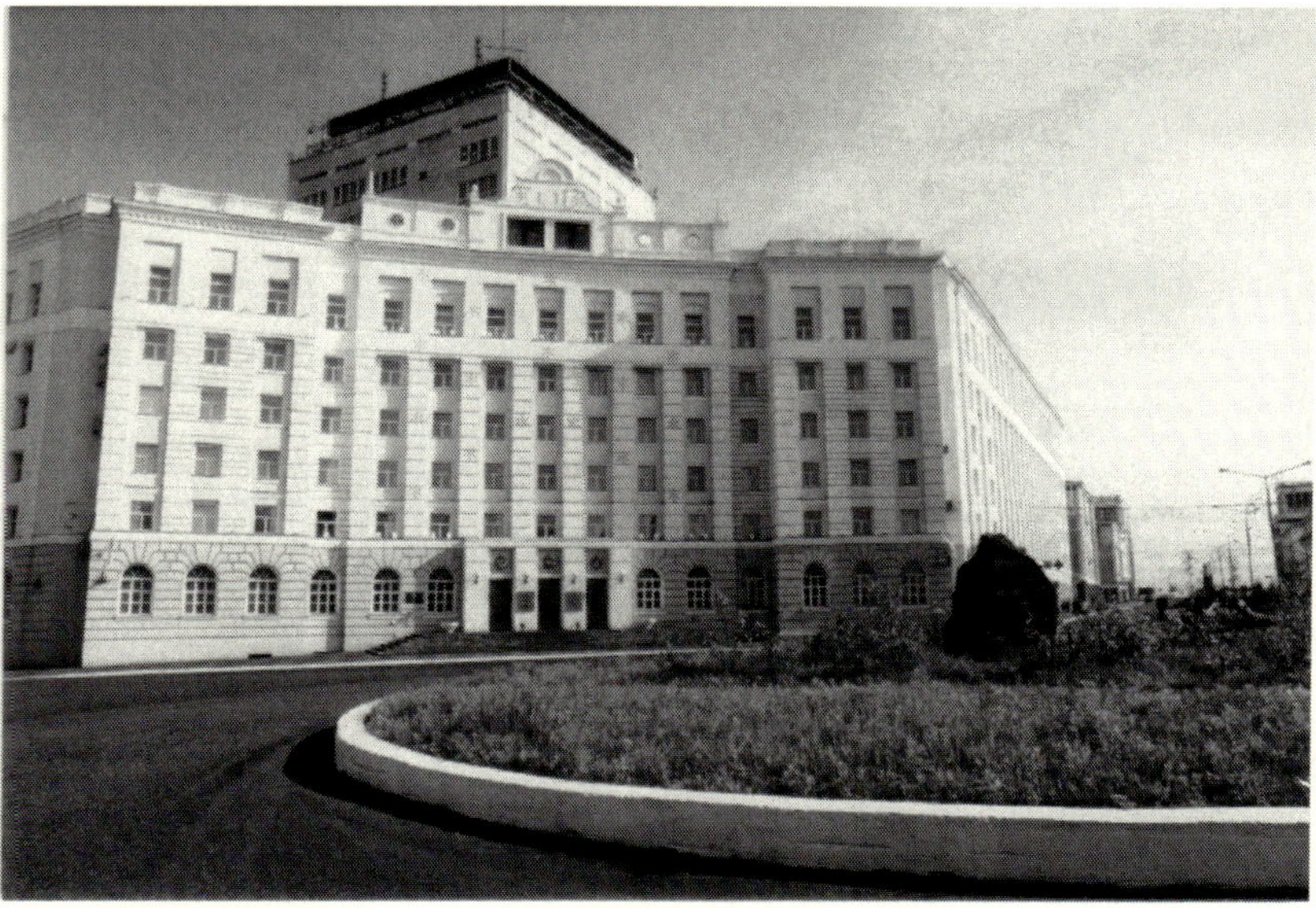

ノリリスクのニッケル本社

左がノリリスク博物館

レーニン通り

別れを告げ、博物館をあとにしました。今日はいろいろとスケジュールが混んでいます。私がお願いした工場見学の時間が迫っています。これは私が出発前に、ノリリスクニッケル工場を見学させて欲しいとお願いをしておいたからです。ニッケルの採掘などに日本人も関わっていたのではないかと思いお願いしたのですが、ニッケル工場は都合がつかないので銅工場にして欲しいと言われ、ここでも、何か見つけることが出来るかもしれないと思い、見学をお願いしました。銅もノリリスクで取れる量は驚くほど多く、ロシアで産出される量のほとんどを占めているそうです。さて、ここで私を待っていたのは？

53 銅工場の見学

私は銅工場を見学するのは初めてです。ノリリスクにおける主な鉱物資源はニッケルと銅で、それは主に現地アクチャーブリースキー鉱山で産出されます。採掘の総延長は何千キロにも及ぶといわれ、最速のエレベーターとトロッコで地下深く降りていきます。しかし、今回私達が見学させてもらったのは粗銅を電気分解し、(十三日間)それを九九・九パーセントの純銅にしていく過程です。

副工場長が出迎えてくれ、広報担当のスベトラーナさんという女性が一緒に回ってくれました。スベトラーナという名前はロシアには多く、博物館長とは別の人でウクライナ出身ということでした。

工場の入り口は強い風が吹いていて、これは単なる自然現象なのか、巨大な工場が放つ排出エネルギーなのかわかりませんが、音を立てて吹く風のようで、空気の匂いも独特のものでした。

すでに何十年も前から環境問題で注目されてきた都市ノリリスクの実態の一部を見たような気がしまし

た。

工場の中に入ると、横幅と奥行や高さをとても説明できませんが、人間がとてつもなく小さく感じられるほどでした。高いところに移動式のクレーンがあり、轟々と機械の唸る音が聞こえます。直径が三メートルはあろうかと思われる釜に、どろどろに溶けた赤い液体が煮詰められています。進むと電気分解の装置があり、硫酸銅の風呂に片方が銅の電極、もう一方がその他の電極となっていて、イオン化傾向の低い銅と反対に高い別の物質が両極に析出されるようになっています。

もう一方の物質というのがニッケルと幾つかの種類の金属です。多大な電気を必要とするのだから、近くに小さな発電所を持っていてもおかしくないと感じながら､暑さでアップアップしつつ進むと､インゴットの形に形成されたものが冷やされています。そこはまさに酸化還元反応の塊のような工場でした。奥に目をやると数えきれない数のインゴットがずらりと見えます。これが世界各地に散らばっていくのだろうと想像しながら見学を終わろうとしているところに、「渡辺さんに特別に見せたいものがあります」と副工場長氏。

彼は以前から私の事を知っているというのです。きっと、以前ノリリスクを訪問した時、ローカル新聞かテレビ・ニュースで見たのでしょう。「ここは普段は立入禁止の場所です」と言って連れて行ってくれたところは、今はもう使われていないかつての坑道です。よく見るとツルハシの跡が一本一本残っています。そして奥深く続いています。「かつてこの坑道を捕虜たちが掘っていました。しかし、日本人が掘ったのかどうかは不明です」、私は思わずお願いをしました。「このツルハシの跡を触ってもいいですか?」「いいですとも」私は心の中で、ご苦労様、本当に大変でしたね。とツルハシの堀跡に話しかけながら幾筋かを触りました。

なにびとであろうとねぎらいたい気持ちでいっぱいでした。私がどこに行こうとも逃れられない抑留の縛り。この運命は天から私にくだされたものだろうか。そうであるなら、真摯に受け止めるほかはないと感じながら暗い坑道を戻りました。副工場長さん、特別なはからいをありがとうございました。ノリリスク工場としての現代の息遣いも又見ることが出来ました。そう思いながら感謝とともに工場をあとにしました。

54 ちょっとホッとする喫茶店

ジーマさんと広報員スベトラーナさんは工場見学が終わると私達を喫茶店に誘いました。レーニン通りにあるちょっと小洒落た喫茶店です。店内のガラスケースに色々なものが飾ってあるかと思うと、白と黒だけの、キリリとしたポスターが飾ってあり、なかなか面白い雰囲気の店です。

通り側に席をとり「さあ、何にしましょう?」、私がミルクコーヒーを注文すると、ハートマークの泡が浮いているおしゃれなコーヒーがきました。飲むととても美味しいのです。これがノリリスクのコーヒーか、と心から味わいました。

「ノリリスクに来てどんな感想を持ちましたか?」とジーマさん。「以前来た時よりずっと活気に溢れていると感じました。人通りも多く、店の数や種類も増え、若い人が沢山歩いていると感じました」

ノリリスクで働くことはとてもきついことです。特有の気候や極夜は陽の光を浴びることができないため、ビタミンDを得られないことは子供の成長に影響を与えます。そのため昔からビタミンDを子供に与える政策がとられています。他の地域では感じない不自由を強いられるため、優遇措置がとられています。給料が高いのです。給料が良いので購買力は高く、ちょっぴり贅沢もできます。大きなスーパーや専門店が軒を並べ、ロシア各地から働きに来た若い人たちが、美味しそうなデリカ食品や珍味を買ってゆきます。おそらく他の地域にいたら買えないものもあるのでしょう、店は活気に満ちています。

ところが、郵便局に入ると昔懐かしい形式の構えです。その違いがまた面白いと感じられます。小さな店では品物を天井まで積み上げ展示しています。物を買っても小さい店では袋に入れてくれません。そうか、買っては袋、買っては袋と繰り返すと、無駄になるからだと、その合理性に納得。

そんな感想を話し合っていると、いつの間にかマリヤさんはケーキのおかわりをしています。わあゴージャス。すてきなケーキを食べています。そして、ジーマさんが是非自分の名前を日本語で付けて欲しいと言います。いろいろ考えた末「神土《じんと》」さんにしました。スベトラーナさんが「私も」と言います。「明子」さんにしました。楽しい笑い声にホッとしたひとときを過ごすことが出来ました。

55 再び市内見学

その後、博物館学芸員の女性と再び会い、市内見学をさせてもらいました。さすが学芸員です。一つ一つの説明が詳しく、町の成り立ちとその後の発展を踏まえて説明してくれました。何しろその日は私が経験したことのない寒さの日で、ノリリスク人にとってはほんの序の口に過ぎなくても、私には我慢するのが大変でした。ところがその学芸員の女性はスカートです。驚きでした。

印象に残ったことを一つだけ書くと、ある学校の近くに小さなベンチがあり、もの思わしげなプーシュキンの銅像が座っていました。そこへ子どもたちがやってきてプーシュキンと戯れています。肩に手をかけたり、膝に乗ったり。私は声をかけました。「これは誰？」、もちろん私は知ってはいたのですが子供たちはなんと答えるか興味津々でした。「プーシュキン！」さすがです。
「私はプーシュキンが好きよ」というと彼らは嬉しそうに笑いました。

56 初めまして ボールギンさん

ボールギンさんについて書く前に、ロシア中で愛されている詩人プーシュキンの詩をここに書きたいと思います。

人生 汝を欺きしも 悲しむなかれ 怒るなかれ
憂鬱なる日も 心穏やかたれ
信じるべし 楽しき日もいずれ来たると
心は未来を生きしもの
今は憂鬱なり されど全てが束の間
全てが過ぎ去るなり 過ぎ去りし事 みないとし

公園で遊んでいた子どもたちもいつかはこの詩を暗唱することでしょう。

ところで公園から帰った私たちは博物館長スベトラーナさんに招待され、ノリリスクホテルの隣のレストランに出かけました。見覚えのあるレストランで、前回ノリリスクに来た時、通訳のマリーナさんと食事をしたところです。内装がすっかり変わり生バンドが入りダンスをするスペースもあり、沢山の客が入って賑やかでした。そこで初めて慰霊碑設計者ボールギンさんを紹介されました。背の高い人で、よくシュミット山に登ると話していました。ノリリスクでは定年が早く、年金をもらいながら、日々楽しく過ごしているとのことでした。ノリリスクは確かに厳しいところだけれど、住み慣れてしまえば、とても愛おしい所で、ここを出る気はないと話していました。山には色々な遺構が残っていて、それを少しずつ集め、保存をすることが自分の何よりの楽しみだと言っていました。料理はトナカイの肉で、一九九〇年に来た時も食べた記憶があります。よくトナカイの肉の味は？　と聞かれますがうまく説明できません。この地方ではトナカイの牧畜を行い食料にする習慣があり　私達がチキンを食べるような感覚で食べているのだと思います

私は博物館の皆さんが助けてくださったことや、ボールギンさんに素晴らしいデザインの慰霊碑を考えていただいたことの感謝の気持ちを述べると、ボールギンさんは慰霊碑はずっと見守ってゆきますから心配しないようにと言ってくださいました。その言葉がとても嬉しく、好感のもてる人だと感じました。楽しいおしゃべりをしてゆくうちに何だか昔からの知り合いのような気持ちになり、ノリリスクの人たちとこんな友好的なつき合いのできる幸せを感じました。以前から「ベルリンの壁」などいろいろな壁が作られてきましたが、できればどうしたら壁を作らずにすむか、どのようにして壁を取り払ってゆくかに努力を傾けた方が、作る努力をするよりずっとよいのではないか、作らなくてすむように精一杯努力をしてゆ

きたいものだと強く感じました。付き合ってみれば、人と人の間に壁は必要ない、昔、自分がもっていた壁のようなものはきれいさっぱりと消え去っていることに気づきました。

明日はいよいよノリリスクを離れる日です。短い滞在でしたがとてもよい日々を過ごさせていただきました。ノリリスクの皆さんに心より感謝し健康と幸せと活躍を祈ります。

57 北辰上にさすところ

食事会からホテルに戻ってきました。小さなエレベーター、何度も行き来をしたこの見慣れた廊下、六〇九号室のちょっと音をたてる出入り口のドア、貸事務所で働いている人たち、小さな売店、ソ連風の部屋……みんな愛おしく思えます。マリヤさんに話しかけました。「今日がいよいよ最後ね。私、北極星が見たいの。町は七十年前とはすっかり変わったかもしれないけれど変わらないのは北極星でしょ? 父もきっと見ているはずよ。その北極星を見て帰りたいの」「見えるといいですけどね」空を見ると曇っています。この曇り空は、雲のせいだけではありません。ノリリスク特有の現象です。溶鉱炉は休めることが出来ないので常に煙突から煙が出ています。

マリヤさんは部屋に戻ると、早速パソコンでモスクワで報告を待っている東京新聞と毎日新聞の記者へ文と写真を送ります。彼女は毎晩徹夜に近い状態でこの仕事をこなしていました。本当に頭が下がります。私はただその日その日の疲れ安めをして、夜を過ごしているだけです。私は窓辺にゆき、そっと父に語りかけました。どんな北極星を見たの?、何度話しかけても一向に答えは返ってきません。そうよね、父が何か言うはずがないものね。明日は早い出発なので、マリヤさんには悪いけれど一足先に休ませてもらおうと思いました。

どのくらい経ったでしょうか。ノリリスクは乾燥しているので私が咳をしたようです。マリヤさんがコップに水を汲んで「大丈夫ですか」と言って傍らに立っています。「大丈夫」というと「今、空が晴れていますよ！」と言います。飛び起きて見てみると、強い風が一瞬吹いたようです。空は見事に澄みきっていました。美しい空を見上げると何と北極星が輝いているではありませんか！　日本で見るよりも遥かに上の位置にあります。決して目立つ大きな星ではありませんが、確かに北極星です。「わあ 見えた！」二人で手を取り合いしばらく見ていると、ふわーっと白い夏のカーテンのようなものが揺れています。「オーロラだ！」あまりの美しさに二人は肩を並べて暫く見入りました。オーロラは二分程度で消えましたが、モスクワっ子マリヤさんも初めて見たといいます。何と凛々しい北極星、そして優しく穏やかなオーロラ……そう、北極星は父からの、オーロラは母からの、「お褒めの言葉」だったような気がします。「長い間よくやったね。私達の誇りの子供ですよ」と……。

先ほど何度父に問うても応えてくれなかったけれど、私への答えはこれだったのね。応えてくれてありがとう。父と母に日本人慰霊碑をプレゼントしようと頑張った慰霊碑づくりでしたが、プレゼントをもらったのは私の方でした。

そう、まさに「父母との衝撃的な再会」でした。そして共に頑張ったマリヤさんへも、ちゃんとお礼を言ってくれたのね。北極星とオーロラを共に見た二人のこれからの強い絆を暗示しているようなひとときでした。

58 モスクワに戻る

明けきらないノリリスクの大地を見ながら空港を目指します。そこに父母はまさしく居たのではないだろうかと思われる、不在なるものに出会ったような経験をし、私はノリリスクを去ろうとしています。もう一度心がゴルゴダに引っ張られるような、いや、しかし、新しいものに向かってゆかねばならないような複雑な気持ちで機上の人となりました。

どんどん小さくなってゆく水玉模様のような湿地は、やがて視界から消え、全ては夢だったのではないかと思える時間が続きました。静かな乗客、エンジンの音、斜めから差してくる夜明けの光。ただその中に身を置いているのみです。市長さん、スベトラーナさん、ナターリヤさん、ボールギンさん、神土さん、明子さん、学生さん、市民の皆さん、出会った人たち全てが遠き人となりつつあります。なんという濃密な日々であったことかと感慨にふけりました。

モスクワが近づくと俄然元気になるのがマリヤさんです。モスクワは彼女にとって生まれ故郷であることもさることながらこの世で一番尊敬し、愛するおばあさんが今来るか今来るかと彼女を待っているからです。おばあさんは癌を患っておられ、家で療養生活をおくっていらっしゃいます。マリヤさんはそのことが悲しくおばあさんの話題になるといつも涙ぐみます。日本で暮らしているマリヤさんは、あと何回おばあさんに会えるかといつもそのことが心から離れないようです。私も話に聞いているおばあさんに初めてお会いすることを心待ちにしていました。

二〇一四年九月二十五日、遂にお会いすることができました。マリヤさんのお母さんたちの手助けでダマジェーダバ空港からおばあさんのもとに駆けつけました。ヒェルソンスカヤ通りの一角にそのお宅はあり、とても綺麗に室内が整えられていました。ゆっくりゆっくり歩きながら、おばあさんは私たちにお茶をごちそうしてくださいました。

マリヤさんがノリリスクでどんなに活躍してくれたかを話すと、嬉しそうに目を細めて喜んでいらっしゃいました。「このジャムは私がベリーの実を集めて作ったのですよ」と言いながら、本当のロシアンティーの味わい方を教えて下さいました。ジャムをさじで少しすくって口の中に入れ紅茶を飲むのだそうです。

お疲れになるといけないので二十分ほどで辞去しました。再び車に乗ろうとすると「マーシャ！」と六階の窓からおばあさんの声がします。マーシャと言うのはマリヤさんの愛称です。「帽子！　帽子！」と忘れた帽子を投げてくれました。その姿が私の見た最後の姿でした。翌年五月二日に亡くなられました。

その後そのまま夕食会場の「一番星」へ直行です。北海道新聞の渡辺記者と会いました。なんと渡辺雅司先生の息子さんです！　私が以前ロシア語講座でメチニコフについて教えて頂いた先生の息子さんなのです。先生にそっくり。世の中にはこんな出会いもあるのかとびっくりでした。

それからもう一つ書いておく必要があります。実は後先が逆になりましたが、日本からモスクワに着いた時にロシア人記者レーニンさんにも取材を受けていました。彼はロシア新聞の記者で、後日新聞に取り上げて頂きました。ロシア新聞は政府系の新聞でノーバヤ新聞はゴルバチョフ氏も出資した新聞社です。

いよいよ帰国です。帰れば言葉も通じるし、円で買い物もできるし、緊張から開放されます。早く日本の土を踏みたい！

59 どんどん友達になってゆく

ここで突然ですが、少しさかのぼって、私の友人の事を紹介したいと思います。二〇一〇年四月十三日(金)、この日はすでに春だというのに寒くて震え上がるような陽気でした。高校を卒業して五十年の節目を迎え同期会をしようということになり、百名以上がとある会場に集まりました。そこで初めて佐野靖さんに会いました。何しろ全部で三百五十名もいた学年なので殆どの人を知りません。佐野さんは西部劇が好きでポスターやパンフレットを収集し、それは半端な数ではなく、本場アメリカでさえ驚くほどでした。都内で展示会なども行う知る人ぞ知る存在でした。その活動ぶりが会場で紹介され、そういう人もいるのかと驚きました。

その後二〇一三年四月カナダ在住の高校クラスメイトの三保子さんが帰国するというので、いろいろな人達と会えるよう段取りをしました。その中の一つ、「誰に会いたい？　連絡をとっておくから」と言うと、おせんべ雅乃君、健君、佐野君ということで、彼女が帰国後、早速五人で渋谷のカラオケ店に行きました。懐かしい歌を歌いまくり、最後に三保子さんが綺麗な英語で「テネシーワルツ」を歌い、皆で聞き惚れました。

その後、歌い疲れたので飲物を飲みながらおしゃべりを始めました。「昔の映画は良かったよな」誰ともなく映画の話をし、あの映画を観た、観なかったなどと喋っているうちに「シェーン」の話になりました。私は西部劇はピストルの撃ち合いが嫌であまり観ていませんでしたが、「シェーン」だけは観ていました。「シェーン！　帰ってきて！」という名場面で終わるあの印象深い映画は、誰しも感動深く観たものです。すると佐野さんが「シェーンはあのあとまもなく死ぬと思うよ」と言います。「どうしてそれがわかるの？」と私。「怪我をした彼が馬に乗って去ってゆく道の端に一瞬チラリと墓が写るんだ、それは彼の死を暗示しているんだ」と言います。そこまで見ていたの？　さすが、と驚きでした。

そんな話をしてゆくうちに無性に昔の映画が懐かしくなり、家に帰りパソコンをパチパチやっているうちにチャップリンの「ライムライト」が現れ、音楽を聴いているだけで涙が出そうになりました。その後テレビで「第三の男」を放映しました。この映画は昔観たことがありましたが、改めて見るとこんなにもい映画だったのかと驚きました。キャロル・リード監督は映画が好きで好きで、早くまともな映画を作りたいと願っていたのではないかと想像しました。何しろ一九四九年の作で、戦後まもなく作られているのです。戦争中はサスペンス映画など作れません。国策映画を作らされます。彼は戦争中も、終わったらどんな映画を作ろうかと、案を練りに練って終戦を待っていたに違いありません。「第三の男」はまだ戦争の傷が癒えぬウイーンで撮られ、ナチスの砲撃を受け、崩れた瓦礫の山を逃げまわるシーンが登場します。撮影隊の食料を確保するのも大変だったことでしょう。セットも大掛かりなものは作れず、猫や靴、風船といった小道具をうまく活かし、光と影の使い方で画面に迫力を出しています。そして俳優がすごいのです。どの人物も一癖も二癖もある、何かを背負って生きている人物を演じています。そしてラストシーン。向こうからやってくる女性を、道の途中で待ち続けている男がいるのに知らん顔で通り過ぎて行く、後に虚しく枯れ葉が舞い上がるというくだりは、日本の「侘び」にも通じます。佐野さんは「第三の男」をどう思う？　メールのやり取りが始まりました。

60 ところが……

そのはずでした。高校時代はお互いに知らない存在でしたが、よい友達発見ということでメールのやり取りをするはずでした。ところが数回やり取りしただけで途切れてしまいました。まさか体調を崩しているとは想像もできませんでした。私は私で何やかやと忙しい毎日を送っていました。ところが忘れもしません。二〇一四年十月十一日、佐野さんから電話がかかってきました。

「僕はもう渡辺さんと会うことができないので言っておきたいことがあるんだ」

「会うことが出来ないってどういうこと?」

「膠原病が重く、医者から両手足の指の何本かを切るようにと言われたんだ。これから車椅子の生活になると思うので外には出られなくなると思う」

一年半前に会った時は元気でその気配も無かったのに、一体どうしたというのだろう?

「……」

「だから言っておきたいのだけれど、慰霊碑がほぼ完成というではないですか、今まで目標を持って頑張ってきたけれど目標を失うと人間はがっくり来てしまうことがある。そうならないように気をつけて下さい。それが言いたかったんだ」

自分の手足を失うということはその人の人生にとって大変な出来事ではないですか。それでも人の心配をしてくれるのですね。返事ができなくなってしばらく黙ってしまいました。「ありがとう。忠告してくれて」というのが精一杯でした。「じゃあね」と佐野さん。「佐野さんもお大事にね」それが最後の会話になりました。

電話を切ってから何も手につきませんでした。自分が病んでいながらそれでも人の心配をする、そんなことができる佐野さんをあらためて凄い人だと思いました。人間はそんなことができるんだ。残虐非道な事をしたり、同族同士で殺し合いをするのは人間だけだとよく言われます。その反面、自分の身はさておき、人を助けたりもします。人に対して希望を持ち、その良さをお互いに引き出し合い、助けあい生きていきたいものだと考えさせられました。

そういえば……アンネ・フランクは隠れ家で不自由な生活をしながら、「人間はきっとよいものだと信じたい」と書いています。逃げ隠れするような生活に追い込まれても尚、「人を信じたい」と強く願っていたアンネを思い出しました。そんな彼女はベルゲン・ベルゼン収容所で命を落としますが、ナチスは彼女の魂まで殺すことは出来ませんでした。立派な日記を残しました。ミープ・ヒースはその日記を守りました。彼女たちはナチスに負けなかったのです。

電話をもらってから、私はなんとしても佐野さんを元気づけたいと思いました。二週間に一度、絵葉書を出すことにし

カナダ・唐木三保子氏歓迎会、いちばん右が佐野靖さん。(2013年4月18日 渋谷)

ました。私は今日も落ち込んではいませんよ。約束通りホラこんなに元気ですよ、と知らせなければならないと思いました。返事はめったに来ませんでしたが、必要ありません。ずっと続けるだけだと思いました。五十年以上も知らなかった人がどんどん「友達になってゆく」。そんな気がしました。

61 好きなことに自分を傾ける

返事はいらないということで絵葉書を送ることにした私は、季節の花やヘップバーンの写真入りのカードなどを送りました。するとパソコンのワードによる手紙が来ました。七ヶ月の入院の際、奥さんが毎日来てくれたことに対する感謝の気持ちや、なぜ自分がこのような病気になったのだろうと悩んだことなどが書かれていました。しかし、好きな映画が佐野さんを救ってくれたそうです。入院生活は自分のおかれている状態にのみ心がゆき不安との戦いになります。弱った体に弱った気持ちで臨むと、病気にとってもよくありません。「こんなに映画を観たことはない」と書いてありました。ＤＶＤで百五十作品を超えるほど観たそうです。その後、名作として自分が保存していたものを観始めたのだそうです。名作は人の気持ちを勇気づけ、優しく励ましてくれます。病んでいながらその温かい心持ちを味わうことが出来たそうです。

映画でなくとも何か一つ、自分が夢中になれるものを持っていることは大事なことだろうと思います。抑留されていた人たちも、俳句を作ったり和歌を詠んだり、苦しさをひとときでも忘れようとしたと本で読んだことがあります。もらった手紙にはこう書いてありました。「私を映画の先生と呼ぶのはよして下さい。単なる娯楽映画ファンと言うだけです。「第三の男」はアート系とは考えておりません。上質なサスペンス映画の傑作というのが私の評価です。カメラワークはアート系かもしれませんが、実際にウィーンのあの観覧車を見た友人によりますとゴテゴテの塗装がしてあったそうですよ。モノクロだからあの映画の雰囲気にはまったのでしょうね」、映画の話で会話が出来たのはとても嬉しい事でした。その後ずっと絵葉書送りを続けました。完成したノリリスクの慰霊碑の写真を送りましたが、目にしてくれたかどうかはわかりません。治らないまでももう少し生き続けて欲しかったと思いましたが、その後、闘病虚しく旅立ったことを知りました。失われるから生まれるものもあります。新しく生まれた友情の思い出です。あの電話の励ましを私はいつまでも忘れないでしょう。

ご冥福をお祈りいたします。

黒い花崗岩には「今を生きる私たちは、吹雪の向こうから聞こえてくる日本人被抑留者達の声に耳を傾け、その思いを決して忘れず、この痛みや苦しみが二度と繰り返されることがないよう、精一杯の努力を惜しまず、行動し、生きていきます」と日露2ヶ国語で表記され、日本の方向東南に向いて立っている。

62 母の誕生日

十月十七日は母の誕生日です。私はどうやら小さい頃から母の誕生日に短い手紙などを渡していたようです。母の遺品の中から小学生時代とも思える私の字で「大好きなお母様、ながいきしてくださいね」と書かれた紙や、中学生の頃かと思われる私の字で「いつまでもずっとそばにいて下さい」と書かれた紙が出てきました。プレゼントの記憶もあります。

一九五〇年ころ母は「すごい話よ！　傘がたためるんだって！」と言っていたことがありました。今や、折り畳み傘はあたりまえですが、当時は傘を折りたたむという発想がありませんでした。母の驚いたような表情を見た時思いました。いつかきっと母に折りたたみ傘を買ってあげようと、それをいつまでも憶えていた私はアルバイトをして母にプレゼントしました。母は嬉しい時、大喜びをしないで照れくさそうな顔をするのがクセでした。ホラホラその照れくさそうな顔！　私は心からニンマリしました。その後、誕生日には、わずかばかりのお金を送っていました。母の遺品の中から封筒に入ったお金が、一銭も使わずに出てきました。表に「祥子から」と書かれてありました。なあんだ、使えばよかったのに……温泉に行ったり、旅行に行ったりといろいろ指折り数えてゆくうちに無性に悲しくなりました。自分のことより子供の事を考えたのでしょう。気持ちだけもらっておくよ、自分の為に使いなさいとでも言いたげな母の想いを感じました。

二〇一四年十月十七日、今は亡き母に詩を送りました。

母さん 今日は 誕生日！
澄んだ青空 鳥の声
小さな菊のつぼみたち

いい季節に生まれたね
その日もこんな日だったの？
家族揃って祝った日
次作じいさん ウタばあさん
お父さんの寿さん
そして母親栄さん
その日うまれたヒロインは
智津子と名付けた可愛い子
期待集めた可愛い子

また巡りきた誕生日
何と言っていいか迷うけど
居ると思って言いましょう

「お誕生日　おめでとう！」

63 祖父の思い出

高校生の頃だったか、祖父の家で久しぶりにお坊さんを呼んで、他界した人たちの供養をしようということになりました。そのお坊さんは目黒区の油面《あぶらめん》というところに住んでいらしたので、通称「油面さん」と呼んでいました。お経が始まるとお経の意味もわからず、なにしろ足のしびれが気になってなりません。しびれ始めるとそのお経がとても長く感じられ、体を左に倒したり右に傾けたり、前に両手をついたりと、いろいろ工夫をしますが、もう我慢の限界と思いつつ、それでもお経は終わりません。そのうち油面さんは、時々えへんと咳払いをすることに気づきました。お経の一区切りごとに息を吸うので、咳払いに聞こえるのでしょう。そしてとうとう終わりのフレーズに入りました。

「朝《あした》には紅顔の美少年といえども夕べには白骨となる。哀れといえどもあまりにも愚かなり。あなかしこう、あなかしこう」、そして「今日はよいお天気で良かったですな。きっと逝かれた皆様はご供養を受けて喜んでいらっしゃることでしょう」と言って帰ってゆかれました。私はすぐに立つこともできず、四つん這いになって部屋を二周ほど周ると、ようやく立つことができてほっとしたのでした。

そんな私に珍しく祖父が話しかけてきました。自分は安芸門徒としての誇りを持っている、昔、唯円という坊さんがいた、その坊さんは自分の師匠の教えを本にした、それには善人は救われて当然だけれど悪人こそが救われなければならない、と言われたということだ。「そりゃそうだ」と聞いている私は思いました。そして祖父は続けました。「鎌倉時代に もうこんな哲学が存在したんだ。凄いよな。日本人は」と言います。そういえば鎌倉時代に、沢山の高僧を輩出したと習いました。

日本の仏教の特徴は「偏らないこと」を大事にするのだそうです。自分の信念を持ちながら意見の違う人も認めてゆく、そうありたいものだと思いました。しかしこれがなかなか難しく、私には到底できそうにもありません。

なかなか進まない慰霊碑建立に、ときにはカリカリもしました。どうしても今の自分の環境に合わせてものごとを考えてしまいます。電車はきちんと定刻通りに走ります。日本人は時間に関して正確です。ところが最近見たあるテレビ番組によると、現在再先端を行く天体物理学者は「時間は存在しない」と言っているそうです。時間をきちんと守っている日本にいると本当だろうか？　と思いますが、考えてみれば時間は人間が作った物差しだから、ないと思えばないのかもしれません。なぜなら「時間」がなくても生きてゆけるからです。今まで考えてみたこともないことを慰霊碑作りは考える機会を与えてくれました。ひょっとして空間もないのかもしれない？　こうなると哲学的な感覚になってきます。迷いの多い私を、祖父は笑いながら空から見ているかもしれません。

64　四月十八日の悲しみ

二〇一五年四月十八日、その日の夕方、上野で会いたい人がいて、私はこの日が来るのを心待ちにしていました。サハリン協会が恒例の交流会を企画していました。ユジノサハリンスクから母の散骨の際お世話になった白畑正義さんがやって来るのです！　来日した日系ロシア人に会いたい人は、上野にある居酒屋に集まることになっていました。

早めに行って待っていると、白畑さんがやって来ました。まあ何年ぶりでしょう！　お元気そうで安心しました。色々話しをしているうちに白畑さんが言いました。「私は今回の来日を最後にしようと思っているんですよ」「まあ、どうしてですか」「実は体調があまりよくなくて」「それは大変ですね。お大事にしてくださいね、ところでお訊きしたいことがるのですが、白畑さんのお手を借りて私がかつて住んでいたところを見つけ、そこの白樺の根元に母の遺骨を埋葬したのですが、現在、そこはどうなっていますか?」「渡辺さん、残念ですが、そこには住宅が建ってしまいました。もう白樺はありませんよ。でも、日本人慰霊碑の側にもお母さんのお骨を埋めましたから、お母さんはユジノにちゃんと眠っていらっしゃいますよ」

あの美しい草原がいつまでもそのままではないだろうと、そんな思いが頭をかすめなかったわけではありません。が、まさかとは思いましたが、現実となってしまったことを受け止めるには少し時間がかかりました。「そうですか……」としか言いようがありませんでした。

しかし自分が海を渡り、かつての自分の家を見つけ、母の骨を埋葬した行為はよい思い出となり、私の心の中にしっかりと根づいているので、失ったことを嘆いてはいけないと自分に言い聞かせました。

店の中は賑やかで久しぶりの再会にみなさん楽しそうに盛り上がっていました。私も話の輪の中に入ってゆきました。日本にいてもサハリンにいても、お互いを思いやる気持ちは変わりありません。この短いひとときを、そう、今の今を思いっきり楽しくよい思い出にして別れたい、笑いの中に何処かちょっぴりやがてくる別れの時間を意識しながら皆さん笑い転げているのでした。

会が終わり私は賑やかな上野の町を黙々と歩きました。自分の足跡がユジノから一つ消えたような気がしました。いや、そんなことはない！　私の足跡が「無」になるはずはない、と思わず後ろを振り返ってみましたが、そこには、ただ「無」だけがあるのみ。見知らぬ猫が悠々と歩き去ってゆきました。

次のページの写真は二〇一三年ユジノサハリンスクに母の散骨に行った際、日本人慰霊碑の側に白畑さんが穴を掘ってくださり、母の骨を埋葬した時の様子を撮ったものです。

2003年に訪れた樺太（サハリン）の旧豊原（現ユジノサハリンスク）の碑（樺太の苦難の歴史）

王子製紙跡

樺太神社への入り口

追憶の碑の近くに母の遺骨を埋めさせてもらいました（白畑さん）。
下の写真は母の遺骨の入った容器を収めたところ。

65 もう一つの四月十八日

一九九一年、当時のソ連大統領ゴルバチョフ氏が来日しました。その際、日本人抑留死三万人余の名簿を携えていました。その中にはノリリスクは含まれていません。その後追加の名簿が少しずつもたらされるようになりました。大統領来日の意義付けの一つとして「日ソ捕虜収容所協定」が結ばれ、一九九一年四月十八日東京に於いて日本側代表の中山太郎氏、ソ連側の代表ア・ア・ベススベルトヌィフ氏の署名により、日本語とロシア語により二通が作成されました。その協定は署名の日に効力が発生するとなっています。

おおまかに書きますと、第一条はソ連側がとるべき措置に就いて書かれています。

1.日本人死亡者についての可能な限り詳しい情報を記した名簿を提出すること
2.埋葬地についてのできる限り詳しい情報を日本側にもたらすこと
3.遺骨の引き渡しを可能な限り行うこと、埋葬地の移転が行われる際には日本側に連絡をとること
4.埋葬地が適切に保たれるようにすること
5.日本国民の所持品の引き渡しについて
6.日本人が所持していた名簿類は日本国政府に提出すること

第二条は日本側のとるべき措置についてで、ロシア人死亡者についてのことが書かれており、1・2・3と項目が分かれています。

第三条はお互いの国が慰霊碑を建てたい場合、協力をしあうことと書かれています。
第四条は墓参実施のための便宜供与について書かれています。
第五条は協定の実施について
第六条は問題の解決について
第七条は効力発生についてです。

この協定が結ばれてもう二十五年にもなります。

私は時々フーッと溜息をつきます。協定は単なる外交上のポーズにすぎないのではないか、それもこの協定はソ連主導でもたらされたものではないのかと、なぜなら、名簿がきっかけで、協定が浮上したのではないかと思えるからです。

条約でさえ一方的に破棄されたケースがいくつもあります。条約の重みとは何でしょう。ましてや協定となるとどうなのでしょう。この協定が結ばれたことの意味をもう一度確かめ直し、「協定を活かしきる」ために、両国で努力をしていく必要があると思います。

二〇一五年四月十八日、衆議院第二議員会館で、抑留に遭われた池田さんは、九十五歳のお歳でこう訴えられました。「そもそもなぜこのような悲劇が起きたのか？　負の歴史を解明しながら再発防止のためにも、未来に向けて共同で調査し、研究し、成果を共有し、次世代に伝え、引き継いでゆくことが大切ではないでしょうか？」

そう、まだ見ぬ未来の人たちのためにも、私達はできるだけの事をしてゆかなければ、とそう思うのです。

66 苔生す埋葬地、進まぬ調査

二〇一二年八月十一日の朝日新聞に、ロシアのイルクーツク州クビトーク村の写真が載っています。日本人の埋葬地ですが、周りには細い木々が林をなし、ある一角にちょっとした広さの空間があり、丈の低い草が生えています。誰も近寄りそうにありません。そのスペースはただ静かに時の流れに身を任せています。日本人慰霊碑の大理石は倒され、表面の金属板は剥がされています。金属はお金になるからです。未回収の遺骨が眠る場所には、小さな棒杭が立てられ、まるで「いつか誰かに見つけてほしい」と言っているように思えます。近くには野苺やブルーベリーがあり、かつて飢えをしのいだ人たちがいたかもしれません。「村の予算では維持管理できないので、日本政府が墓地の管理をロシアの民間に委託すればよいのでは」、というのが現地の村長さんの意見です。

先に進むだけではなく、時々立ち止まり、過去を振り返って、私たちは間違った道を歩んでいないのかと、考えなければなりません。不都合な過去を捨て去ってはいけないと、この棒杭は訴えています。

67 劇の練習風景を見る

二〇一五年五月二日、モスクワでマリヤさんのおばあさんが亡くなられ、マリヤさんは取るものも取り敢えずモスクワへと飛びました。マリヤさんの気持ちを思うとこちらも悲しくなります。マリヤさんがモスクワへ行った後、私は以前、マリヤさんを通しておばあさんから戴いた素敵なプラトーク（ネッカチーフに相当するもの）をタンスから出してみました。小さな赤いバラの花があちこちに飛びペイズリー柄の緑とマッチし、全体を黒で引きしめています。これは一生の宝だと思いました。幾枚のプラトークがどれだけの喜びや悲しみを見てきたのだろうと、ロシア女性達に想いを馳せました。

そうこうしているうちに劇団「龍平カンパニー」の関係者である絵里さんが、抑留関係の劇を上演するので、その練習を見に行きませんかと誘ってくれました。二〇一五年六月二十日、西葛西に出かけました。普段あまり演劇を見ない私には劇の練習風景はとても珍しく、新鮮な驚きの連続でした。同じ場面を何度も練習します。しかし同じ場面といってもそこがフィルムと違い、毎回違うのです。立つ位置、声の調子、表情、目の位置……ああ人間は生きて呼吸しているから、こんなに一瞬一瞬が違うのだと、違う時間を人は生きているのだと練習風景を見ながら感じました。

いやいやこれはほんの序の口で、これからもまだまだ内容を深めてゆくのです。雪を踏みながら進む場面は、実際に雪の厄介さを経験した上での演技ではないかと思われるほどの動きです。見ている私から一メートルも離れてないところで展開される練習風景に圧倒され、劇団員と同じ情熱が湧いてくるのを感じました。私は私で役者さんとは別の役割で、この演劇に参加できることはないだろうかと思いながら稽古場を後にしました。

その思いがやがてこの公演を成功させたいと、あちこちにチラシを配る活動をすることにつながります。年若いリーダー龍平さんは、戦後生まれながらよくここまで戦争や抑留のシナリオを演劇として表現していったものだと感心してしまいました。

68「君よ 生きて」

その劇の題名は「君よ 生きて」といいます。音楽劇で、若い人をも惹きつける工夫がなされています。現代っ子の主人公が如何にしておじいさんの抑留体験を味わうかというもので、タイムスリップという手法を使って、現在と過去をうまく融合させています。平和に暮らしている自分よりも、少し上の人たちが実際に味わった苦しみを体験してみるという、これは相当に「想像力」と「創造力」を働かせなければ主人公が体得することができないものだと思います。この劇のＤＶＤが発売されていますので若い人たちにおすすめしたいと思います。

私は劇団の稽古風景を思い出しながら、二〇一五年八月二十八日の八王子公演が行われる「いちょう小ホール」を観客でいっぱいにしたいと思い、近辺の市町村の公会堂や公民館などにチラシを置いていただくために歩きまわりました。何しろ暑い毎日の連続でちょっぴりこたえましたが、一休みしようと立ち止まるたび、役者さんたちの真剣な目の輝きを思い出します。「眼」は嘘をつきません。澄み切った瞳がなんとも清々しく、

音楽劇「君よ生きて」について

私は劇を殆ど見ませんが「君よ生きて」は繰り返し見てしまいました。

毎回劇に考察が加えられ、見るたびに素晴らしく生まれ変わっているのに気づきました。一番感動した場面は紙がないので抑留された人たちは色々な工夫をするところです。

例えば白樺の皮に詩を書いたりします。その詩を読む人の目から涙がこぼれます。

涙がライトの光を受けてキラキラと光って落ちてゆきます。この涙は映像で見る涙と違って「生」の涙です。劇の感動はこんなところにもあるのだと思いました。

若い人たちにおすすめです。ぜひ見てください。

八王子公演に向けて、在住の山口さん、秋田さんのお世話になりました。改めて感謝します。

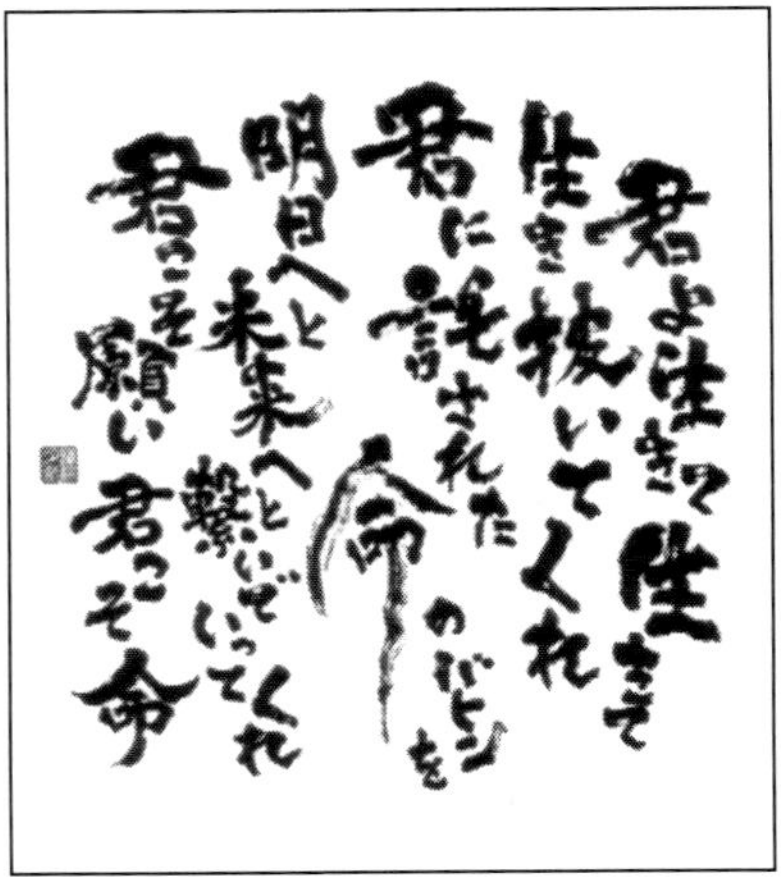

元気を取り戻させてくれました。

チラシは二千枚配りました。インターネットによる申し込みがどんどん増えていると聞きとても嬉しく思いました。八王子では実行委員会を作り、手作りによる工夫をこらし劇の成功へと頑張っていました。八王子在住の抑留体験者、後藤甲子雄さんを訪ね、インタビューをしたり、後藤さんが高尾山に建てられた慰霊碑の紹介をしたりと、とても充実した活動をしていました。

その頃日本は舞鶴引き上げ記念館所蔵資料の世界遺産登録を目指して運動をしていましたので、その紹介もなされました。その後登録に成功しマスコミでも大きく報じられました。八王子版プログラムでは私がノリリスクに慰霊碑を建てようとしていることが紹介され、私のメッセージを載せていただくことになりました。

69「私に折り鶴を下さい」

全文を書くことは繰り返しが多くなるので避けますが、私が長く住んできた八王子市民の皆さんの手をお借りして、慰霊碑完成の最後の仕上げをしたいと願いました。

＊

「八王子の皆さんにお願いがあります。私は九月下旬、日本を発ちノリリスクへ向かいます。除幕式の折にノリリスクの慰霊碑に折り鶴を掛けたいと願っております。肉体は故国の土を踏むことは出来ませんでしたが、魂だけは鶴に乗って故国に帰ってほしいという願いを託したいと思います。数にはこだわりません。一羽でも二羽でも私に託して下さい。鶴はきっと願いを叶えてくれるものと信じています。そして八王子市民とノリリスク市民との心の交流ができればこの上もない喜びです」。

＊

その後レストラン「シーン」のご協力により、たくさんの折り鶴が集まりました。中には「奴さん」や「かえる」の折り紙もありました。鶴が難しかったのでしょう。子供も参加していました。小さな手で折ってくれたのでしょう。どんな子が折ってくれたのだろう？　嬉しい！

70 ノリリスクへの奮闘（マリヤさん）

これはマリヤさんにしかわからない陰の苦しみです。「十月二日、ノリリスクのゴルゴダで除幕式をしますので来てください」と、ノリリスク側から言われても、渡航手続きの時期を既に失っていました。半年前に申し込まなければならなかったのです。どうすればよいでしょう。

しかし、彼女は私の目をしっかりと見て言いました。「どんなことがあっても私は渡辺さんをノリリスクに連れて行きますから！」彼女の鉄のような決意にロシア人は強い！　と思いました。こうと決めたらどんなに大変でもやり通してしまう、黙々とです。たとえ自分を犠牲にしてでも。

十月二日、ノリリスクのゴルゴダで除幕式をすると連絡されても、そしてその幕を引く本人だといっても外国人の私はノリリスクに入ることは出来ません。半年前に申し込めばぎりぎりセーフで許可証がもらえますが、その期間が確保できないとアウトなのです。そのアウトの位置にいました。しかしそのアウトをセーフにしてしまったのです、マリヤさんという人は。

彼女はヘトヘトでした。こんな人がいるのだろうかと驚きでした。その飛び回り方をここに書いてもロシアに於ける手続きのノウハウを理解することは難しいので書きません。断崖絶壁を先に登っている彼女から「ここに足をかけて、次に上の出っ張りに手をかけて」と言われながら、上を目指した気分でした。

出発日九月二十八日の前日、遂にビザのパスポートが下りました。実はとても危ない橋を渡っていたのです。乾坤一擲、のるかそるかでした。今では二人で笑いながらその頃の話をしますが、当時は二人とも無表情で、笑顔すら出ませんでした。

マリヤさんが孤軍奮闘している間、私は外語大の夏期講座でロシア語の勉強をし、あちこちの公民館を訪ね、「君よ　生きて」の公演のチラシを配っていました。どこの公民館も安保法制の話や憲法九条の話し合いが行われていました。中には遺伝子組み換え食品の安全性についての話し合いも行われていました。勉強しなければならない！　と強く感じました。

九月十九日、安保法が成立しました。私はその夜、夢を見ました。頭の良さそうな中年の男性が現れて、「おばあさん、心配することはありませんよ。息子さんの代わりにあなたが戦場に行くことも出来るのです。今の戦争は体力も知力も必要ありません。ボタンを押せばよいのです。例えばこの小さな機械を見てください。ボタンが二つあるでしょう？　一つは安全装置を外すボタンで、もう一つは発射ボタンです。ね？

簡単でしょ？　しかもこの機械のよいところは敵を殺す場面を見なくてすむことです。精神的にも道義的にも苦しまなくてすむのです。これが現代の戦争というものです」。戦争というものがこんなに巧妙になっているとは……「あなたは戦争をさせる側であって自分でする側ではないでしょ？　それはずるいのでは？」と思ったところで、心臓のドキドキとともに中年の男性は消えていました。先の先にぼんやりと戦争という恐い顔をした魔物が静かに座っているような気がしました。

ところで「君よ 生きて」の八王子公演は成功裏に終わりました。私は福井公演のお手伝いにも行き、トークショーにも参加しました。初めて踏む福井の地。恐竜のモデルと温かい人々が出迎えてくれました。温かい拍手が先程の悪夢を押しのけてくれたような気がしました。

71 出発

二〇一五年九月二十九日、成田第一ターミナルにマリヤさんと到着。マリヤさんの朝食はどでかいケーキ。私にそんな元気はありません。サンドイッチを二、三切れ。正午十二時に出発。彼女はお母さんへ有名なチョコをおみやげに買っています。長いフライト十時間三十分後にモスクワに到着。お母さんたちの出迎えを受けました。

お母さんのイーラさんは言葉は通じませんが、温かく抱きしめて迎えてくださいました。交通渋滞で有名なモスクワ市内を通り抜け、地方空港ダマジェーダバに向かいます。この渋滞は大変です。空港到着後すぐに真冬の装束に着替えます。そうしないとノリリスク空港のタラップを降りる時大変なことになってしまいます。

モスクワ時間の二十二時五十五分発の飛行機に乗り換えます。ごった返す空港の中で特に話すこともなく時を過ごし、いざノリリスクへ。

九月三十日、四時間半ほどウトウトしていると既にノリリスクの上空に来ているらしい。一面の雪。小さな沼があちこちに点在しています。この沼はひょっとして今問題になっている地球温暖化の影響かしら？　などと思いながら無事空港に到着。

それからが長いのです。私は「要注意」の外国人なので、特別な検査が行われます。が、それもまもなくＯＫ。やっと出迎えのジーマさんと会えました。

約五十分かけてノリリスク市内に到着。なんとなんと朝焼けの美しいこと！　お馴染みのノリリスクホテルの二階で蕎麦粥を食べ、マリヤさんの友人のバロージャさんと娘さんの四人でおしゃべりに花を咲かせました。その後ドッと疲れが出て部屋に入り、毛布の上にひっくり返って、十時間も寝てしまいました。スベトラーナさんに挨拶しなければ、でも眠さには勝てない、十月一日、珍しい朝食と赤いジュース。マリヤさんにとってはおなじみとのこと。

この日はタルナフという、ノリリスク市の衛星都市でもある、古くからニッケルの採掘を行っている町の博物館にジーマさんの案内で連れて行ってもらいました。学芸員の女性が詳しく説明をしてくれましたが、タルナフはノリリスク以上にニッケル、コバルト、銅の埋蔵量が多く、今ではノリリスクよりも街に活気があり、人口も多く、若い人や子供も多いとのことでした。そういえば団地が林立していました。私は持ってきた折り鶴の一部と私の本をプレゼントしました。「この折り鶴をどうかタルナフの子供さんたちにあげて下さい。私の住んでいるところの市民が折りました」。そして再び車へ。陽気な運転手さんは移動中に「ハーイ ワハハ」と歌を口ずさんでいました。

ノリリスク市内に戻り、おみやげ屋や郵便局、両替屋に寄りました。その後徒歩でロシア正教会に行きました。「全ての悲しむ人たちの喜びの教会」という、私にとっては難解な名前の教会。静かな気持ちになれるというのはある意味での救いです。私は日本から何千キロもの道のりをはるばるここまでやってきた、その大変さから少し開放され、目をつぶりました。こんなひとときが欲しかったと感じました。

マリヤさんとホテルの近くのスーパーに寄り、混雑した中、美味しそうな魚の燻製にサラダやロシアパン、赤いジュースも買い、「腹ペコ」と言いながらホテルへ戻って食べました。なんともいえないロシア独特の味と香りでした。ノリリスクでの第一日目でした。

72 ついにこの日が来た

二〇一五年十月二日、朝早く眼が覚めてしまいました。これから始まる除幕式、おそらくロシア風と思われる式にどう臨めばよいのだろうか、と何となくそわそわしてしまいます。落ち着いて臨まなければならないと、自分に言い聞かせます。いや、そうではない、自分のことばかり考えていてはいけない、多くの人の事を思いなさい、そうしたら、きっとその人達が窮地を救ってくれるはずだ、今までも助けられてきたではないか、自分の後ろについている人たちの力を信じなさい、そう思うとやっと開放されたような気分になりました。そう思っていると、マリヤさんがむっくりと起きてきました。

「マリヤさん、おかげさまで今日という日を迎えることができました。ほんとうに頑張ってくれてありがとう。私はまだちゃんとお礼を言っていなかったので、いま、言います」。

「ありがとう」マリヤさんの手を取ると自然に涙がこぼれてきて、カーテンの隙間から漏れてくる朝日がほどよく私達を包んでいたことも手伝って、よけいに涙があふれてきました。

マリヤさんは無言です。この無言の意味は、ここまできてまだ渡辺さんはわかっていないのね、渡辺さんがありがとうと言い、私がどういたしましてと答える問題ではないでしょう？　共に作りましょうと言ったではありませんか。お互いにご苦労様と言い合うべきでしょう？　そんな風に言いたげでした。そしてもう一つ、きっとこれから始まる式への緊張を感じているのでしょう。彼女は私が読み上げるメッセージを犠牲者や参加者の皆さんにきちんと訳して伝えなければなりません。

彼女はよく言っていました。「英語は同時通訳ができるけれど、日本語は難しい、話が中断すると、そのあとをどうもってゆくかを考えながら通訳をしなければなりません」と。私もおぼろげながらわかります。日本語は最後に動詞がくるからです。「とにかくやり切るほかはないでしょう」二人は準備にかかりました。

午後三時三十分、ゴルゴダの丘にて式が開始されました。スベトラーナさんの挨拶、聖職者のお祈り、女性詩人の朗読、ボールギンさんの挨拶、そして私の番がやってきました。

*

まず御礼の言葉を述べさせていただきます。

ノリリスク市長及びノリリスク歴史博物館館長スベトラーナ様、建築家ボールギン様、そしてご来賓、ご出席の皆様、そして私を応援してくださった全ての国々の皆様、そして私と共にこの仕事を成し遂げてくれたマリヤさん、共に今日のこの日を迎えられたことを心より喜び感謝いたします。

つぎに、この地で犠牲になられた皆様へ言葉をおくります。

日本及びこの地で犠牲になられた国々の皆様、飢えと寒さと強制労働により尊い命を奪われ、帰国が叶わなかった無念の思いを私たちは決して忘れません。私は、今日ここに日本から折り鶴を持ってまいりました。肉体は帰国が叶いませんでしたが、魂はこの鶴に乗って帰国を果たせると信じます。どうかこの鶴

に乗って懐かしい故郷へお帰り下さい。この鶴を御霊に捧げます。(慰霊碑にかける)
そして日本から持ってきた菓子「羊かん」を捧げます。一つは抑留を体験された菊池敏雄さんから、もう一つは戦争で父親を亡された私の友人、三和子さんから、預かったものです。どんなに甘い物が欲しかったでしょう。存分に味わって下さい。
そして、共にかけがえのない地球で生きる皆様へご挨拶をします。
戦争ほど恐ろしいものはありません。人類の一番の悪は戦争です。全世界の人々が等しく恐怖と困窮からまぬがれ、平和のうちに生存する権利を持っていることを改めて確認し、二度と忌わしい出来事が起こらぬよう、貧困や抑留に苦しまぬよう全力をあげて共に努力してゆきましょう。

73 最後のお願い

最後に、
ノリリスクの皆様にお願いをします。私は今回四度目のノリリスク訪問を果たしました。いつも、私を暖かく迎えてくださってありがとうございます。私はこの碑を建てるにあたり、十一年余の歳月を要しました。この間の苦しみを到底一言で言い表すことは出来ません。しかし、共に苦労を重ねてくださったロシア人の協力なしにはこの碑は建たなかったことも事実です。心より感謝したいと思います。この碑が日露の友好のシンボルとなり、世界平和を願うシンボルとなることを心より願っています。そしてノリリスクの皆様、この碑の由来を、子々孫々に語り継いで下さい。この碑が、かけがえのない地球でいつまでもいきいきと生き続けることを私は願ってやみません。バリショーエ・スパシーバ（どうもありがとう）。

三十人ほどの市民の皆さんがしっかりと証人になってくださいました。ふと見ると、一番前に五、六歳くらいの少年が立っています。あの子がきっと今日の日の事を伝えてくれる……ノリリスクの未来がそこに立っているような気がしました。

＊

四十分ほどの式が終わると、ひとりのおばあさんがチョコレートを持ってきて私を抱きしめました。しばらくすると二十七、八の青年がやってきて「あなたを尊敬します！」と言って握手を求め、お互いに抱き合いました。髪の黒い色白の青年でした。私は名前を訊きませんでしたが、私が探し求めていたトゥールキンさんではないかと思いました。が、すぐに姿を消してしまいました。ロシアＴＶがインタビューにきたりとあれやこれやとありました。

その後、博物館に帰り、館長室でしばし歓談。その時の話で気になったのは、ノリリスク市の近くにドジンカという港町がありますが、そこにも日本人がいたと聞いたのです。何とかしてそれをもっと確かめたかったのですが、どうしようもありません。探してくれる人もなく、どうなったのかわからずに逝ってしまった人がいるとしたら、それは本当に悲しいことです。こんなことでよいのだろうか、どこにこの気持ちをぶつければよいのかわからず、式が終わってホッとしたのもつかの間、終わりのない新しい問題が浮かび上がってきました。これが抑留や戦争の真実の姿なのであろうと感じました。悲しみは癒えない、いや　癒えるべきではないといったのはケーテ・コルヴィッツですが、私が生きている間は、私にとって癒やしはないのだろうと思いました。

私はスベトラーナさんに切り出しました。「日本人遺骨調査団の受け入れは出来ないものでしょうか？」

すると「ノリリスクの抱えている苦しみの歴史は長いのです。非常に多くの遺体が存在します。ロシア人を含め、いろいろな国の人の遺体があまりにも多すぎてどうにも手がつけられません。日本人を特定する作業さえ膨大な時間と労力を要し、実際には無理と思われます。粛清の流刑地としてのはじまりが、ノリリスクのはじまりとダブっています。難しいですね」。「では　スベトラーナさん、日本人の被抑留者名簿の公開はできないのでしょうか?」。「クラスノヤルスク市（クラスノヤルスク地方の行政府所在地）の公文書館にあると思いますが、日本人が閲覧することはできません」。「遺族であっても知る権利はないのですか?」これはスベトラーナさんに言っても解決できませんが、せめて私達が望んでいることは、何らかの形で伝えて欲しいとお願いをしました。またノリリスクへ入ることがとても大変だったので、せめて遺族である証明ができれば、速やかに入れてほしいというお願いもしておきました。これは国レベルで解決すべきことだろうと思います。日本に帰ったら改めて発言したいと思いました。

そんな話をしていると、九十歳のおじいさんがやって来ました。女性ジャーナリストが連れて来てくれました。私の顔を見て「ワーッ日本人だ!」と叫びました。おじいさんは被抑留者がいた頃、警備の仕事をしていたそうで、「日本人のことはよく憶えているよ。きちんとしていておとなしく小さかった。よく働いたよ。一九五二年、凍死事件が起きたんだ。捕虜数十人と見張り八名が死んだんだ」、と話してくれました。それは正確に何人であったのかおじいさんの記憶にはないようですが、ショックな出来事であったようです。何度も話していました。

その夜、ノリリスクのレストランで会食をしました。スベトラーナさんのご夫君、副館長のナターリヤさん、建築家ボールギンさんと私達二人です。ご夫君は赤いカーネーションを下さいました。ロシアでは何度も乾杯をするのが習わしで、七回も乾杯をしました。「皆さんの健康のために」「皆さんの幸せのために」などです。トナカイの肉のゼリーは初めてでまあ美味しいのなんの！　それにガラスのコップに入った凍った赤い木の実が珍しかったです。この時ボールギンさんの話で初めて知ったのですが、タルナフ在住のグベンコ兄弟が慰霊碑を作る作業に関わり、厳しい寒さの中でも頑張ったとのことでした。ノリリスクの冬の寒さは普通ではありません。ゆっくりお礼をいう暇もなかったので、帰国したら手紙を書き何かお礼の品物を贈ろうと思いました。なんとロシア人は頑張りやなのだろう、ここでもロシア人の凄さを思わずにはいられませんでした。楽しいひと時はあっという間に過ぎていきます。明日はモスクワに向けて立ちます。

もうノリリスクには来ることはないでしょう。私はじきに後期高齢者です。今回の旅もかなりきついと思っていましたが、気力でここまで頑張りました。しかし、もう気力が通用しなくなるでしょう。これでノリリスクともお別れです。皆さん幸せに暮らして下さい。皆さんのご好意はいつまでも忘れないでしょう。ありがとう！　ありがとう！

74　一路モスクワへ

朝五時起きでスベトラーナさんの見送りを受けノリリスク空港へ。運転手さんのよく働くこと。ロシア人は働き者だと思う。八時四十五分発のモスクワ行きに搭乗します。搭乗後うつらうつらしているとモスクワ　ダマジェーダバ空港に到着。マリヤさんのお母さんが、今は亡きおばあさんの家が空いているので泊まるようにとすすめてくれます。疲れがたまっています。少しゆっくりしたいです。おばあさんの家でソファーにひっくり返り、一人ぼんやりしました。二時間位でしょうか、一人空想にふけります。

75 少年は空へと昇る

父は鶴に乗って故郷を目指しているのだろうか……ノリリスクのゴルゴダで、何か故郷の歌を歌ってあげたいと思いつつ、とてもそのようなゆとりがなかったのですが、今頃になって静かに歌を捧げたいという気持ちが湧いてきました。私はうろ覚えの「埴生の宿」を疲れた頭で思い出そうとしていました。

埴生の宿もわが宿
玉のよそいうらやまじ
のどかなりや春のそら
花はあるじ鳥は友
おおわが宿よ
たのしともたのもしや

ふみよむ窓もわが窓
瑠璃の床もうらやまじ
きよらなりや秋の夜半

月はあるじむしは友
おおわが窓よ
たのしともたのもしや

そういえば山口の家にはいろいろな種類の椿が植えてあった……その花の美しさをきっと父は忘れてはいないと思う。このあたりから私は父の気持ちになって父の思い出を作ってゆきます。そういえば少年の頃、一家で潮干狩りに行ったことがあった。帰りに末弟が疲れてもう歩かないと言って、父親に叱られていた。あ、そうそう防府天満宮のお祭りに行ったっけ。参道には数々の店が出て、アセチレンガスで灯りをとっていた。ゲタ、アメ、布地、オモチャなどがところ狭しと並べられ、アセチレンガスのほのおのゆれにつられて品物も一つ一つ表情を変えていた。暗い階段を上がるのが怖かった。上がり切ると迷子が泣いていた。「お母さん」と言っていた。墓参りにも行った。いつも蝉しぐれ。近くに坊さんの墓が沢山並んでいた。家に帰ると庭には夏みかんの木。ボタンの木もあった。そういえばぶどう棚もあった。イソップ物語の狐はこのぶどうの木の下にいたに違いない、とそう思った。

76 ここは故郷

父、渡辺良穂は少年に戻っていました。いいのです。妻や子はその後を生き抜きました。

妻子のもとに戻らなくても、少年の心のまま旅立って下さい。ほら故郷ですよ。隣の印刷工場との境に見える生け垣やレンガ塀、遠くから聞こえる鶏の鳴き声、泉からは水が湧き、とても澄んでいた。びわの木もあったっけ。東の道を北へ進むと簡易裁判所、夜は山陽線の汽笛、外を覗くと自分の影が怖かった。父親の縄をなう手がとても器用に思えたっけ。おや、何とやさしい風が吹いているのだろう。いつか帰りたいと思っていたけれどとうとう帰ってきたんだ。空がなんとも美しい！　その空にどんどん近づいてゆく。体がとても軽いのはどうしてだろう？　そして逝ってしまった。誠にはかなき命、露命であった。

ふと私が目を開けるとそこには柔らかなモスクワの日射しがありました。

77 マリヤさんとの散歩

お母さんの家からやってきたマリヤさんが「散歩をしませんか？」、と声をかけてきました。「渡辺さん眠そうですね。それに風邪をひいていますか？」、私は眠くなくても眠そうで、風邪を引いていなくても引いているかと皆さんから聞かれます。よほどいつもボヤッとしているのでしょう。

実は、モスクワは森の都と言われるほど広大な森を有しています。森の散歩と行っても二時間はゆうにかかります。「行きましょう！」と私。マリヤさんは散歩が大好きで、よくおばあさんと森に行ったそうです。森に入ると何より美しいのは、背の高い白樺。梢の葉達が風を受けてひらひらと舞い踊ります。自分たちの美しさでもてなしてくれているようです。木々の高いところを風が吹いているのがわかります。風が向こうに去ってゆきました。

「ほらこれが森の万能薬と言われるオトギリソウです。このタイムという薬草はお茶に入れます。イワンチャイはお茶の代わりの薬草です。イワンダマリヤというのもありますよ。これはコーヒーの代わりになるチコリーです」目を輝かせて説明してくれます。みなおばあさんと散歩をしながら覚えたのだそうです。

進むとケルト人のトーテムポールがあります。どうもケルト人というのは、中央アジアから西に向かったようです。モスクワにもいたのでしょう。魔女が踊る広場があり、日本のアニミズムと似ていると思いました。モスクワのクリは面白い。実《み》は日本のクリと同じですが、実を包んでいるイガの部分が全く違うので驚きました。馬がやって来ます。森の警備は馬に乗った警察官が行います。

「きのこ!」ロシア人はきのこに特別な思いがあるようです。そういえばポアンカレ予想を解いたロシア人グレゴリー・ペレリマンはその後サンクトペテルブルクの森でキノコ探しに熱中しているとか、塩漬けにして保存食として食べるようです。私が保存食としての干し椎茸をおみやげとしてマリヤさんのお母さんにあげると、どうやって食べてよいのかわからないと言います。保存の方法が違うようです。夕食はお母さん手作りのブリヌイです。ウーン、ここはロシアだ! 全てがロシアの香り。

78 いるようで、いないようで

マリヤさんのおばあさんの家には、おばあさんの遺していった想いがそのまま残っているように思えます。窓辺に立って外を眺めると、おばあさんは私の傍らにまるで寄り添って立っているかのようです。お互いに父親を失い、生きてきた同時代人です。しかし世界は単純ではありません。価値観が違う世界で生きて来ました。しかし今、こうして並び立ってみるとそんなことはどうでもよいと思います。おばあさんに話しかけてみたくなりました。ロシアにはこういう諺があるでしょう？「幸せはない、そうよ、不幸が私を助けてくれたのよ」。振りかかる不幸はおばあさんを鍛えてくれたのでしょう。逆の言い方をすれば人生がおばあさんに色々なことを教えてくれたのでしょう。おばあさんはきっと素敵な人だったのでは……。現実をしっかりと見つめ、自分の頭で考え、自分の意見をきちんと持った人だったのでしょう。マリヤさんが尊敬してやまないのはそうした生き方をしたからでしょう。

窓から見える美しい景色を眺めていると、おばあさんは故郷への愛や誇りに満ちたモスクワ人だったことがわかります。モスクワはとても美しいのです。するとそこへのっそりと猫が現れました。そういえばおばあさんの家にペルシャ猫がいるとマリヤさんが言っていました。マリヤさんのお母さんが時々面倒をみに来ているそうです。何と美しい！　薄いグレイに白っぽい紫がかった色をしています。どんな振る舞いにも美しさがにじみ出てきます。さすがペルシャ猫だと思いました。私を見つけると穴があくほど見つめています。そりゃそうでしょう。おばあさんとは明らかに違う、しかも髪の黒い今まで見たこともない人間が居るのですから……。二十分も観察していたように思われます。私は用意された紅茶を飲みながら、黒パンとサラダを食べ、テレビを見ていました。そのうち、隣の部屋に行ってしまいました。居るようでいないおばあさん、いないようで居る猫。楽しいモスクワの一部屋。

79 モスクワの街歩き

今日は十月四日、明日はいよいよ日本に向けて出発です。できるだけ素顔のモスクワを見、自分から関われることには関わってみようと思いました。例えば、人と交流すること、買い物をしたり、交通機関を利用したりと、これが思ったより難しいだろうとは想像していましたが、失敗しなければ身につかないことはたくさんあります。せっかくです。やりましょう！

飛び起きると何とまあ綺麗な朝焼け。世界はこんなに美しいのだ！　私を励ますかのようなエールをモスクワが送ってくれています。

マリヤさんも私の気持ちを心得てくれています。手をつないで出発です。手をつなぐのはマリヤさんの習慣で、私はまだ大丈夫と言っても、おばあさんと手をつないで散歩したのが、習慣になっているのかしら？　地下鉄用の切符を買います。スピードの早いエスカレーターに乗り、深いホームへと降りていきます。フー、日本とはだいぶ違います。ひと駅ごとに「アスタロージナ（気をつけて）」と車内放送が入ります。去年は人がジロジロ見ているような気がしましたが、今年は私のほうが乗客の観察をしました。不思議と日本人の様子と似ていました。そりゃそうだ、同じ人間だもの。

80 ナバデビッチ

モスクワでも有名な修道院に行くことにしました。この修道院の墓地には、ロシアの偉大な芸術家たちが眠っているとのことです。地下鉄の駅を出て院に向かって歩いて行くと、ラーフカと呼ばれる小さな出店が沢山並んでいます。それらを一つひとつ見て歩くのもとても楽しいものです。大きなスイカが積んである店もあります。十月にモスクワでスイカ？　それも沢山？　日本では真夏に食べますが、そこで訊いてみると、アストラハンと言う南の地方からボルガ河沿いに船で運ばれてくるとのことでした。また他の店では、見たこともない小粒の木の実が沢山。赤や黄色、臙脂色などです。

マリヤさんの説明によると、どれも体への効き目があって、胃腸の調子が良くなる、疲れがとれる等様々です。ジャムにしたりアルコールにつけたり、そのまま食べたりします。名前は忘れましたが黄色い木の実を選んでくれました。元気が出ると言われましたが、飛び上がるほど酸っぱく渋いのです。マリヤさんは笑っています。これは一種のショック療法でしょう。しかし、この経験は良かったと思っています。木の実は自然の産物で、時に叶ってこそ有効です。酸っぱくても渋くても。食べられない時期には食べない、食べて良い時に食べる。自然との共生です。他にもきのこを売っている店、花屋、手芸品を売っている店等、様々です。ロシアの人たちの日常が偲ばれます。

そうこうしているうちに修道院に着きました。ロシア正教は一神教でありながら、信者はそれぞれ自分の守り神を持っていて、自分はこの聖人が好きという想いがあるそうです。展示会も行われていて、一八一二年のナポレオン戦争に関する遺品や、あの有名なお酒の大好きな司令官クトゥーゾフの絵もあり、焦土作戦によりモスクワに火を放ちナポレオンを迎えた物語、トルストイの「戦争と平和」を思い出しました。

お腹が空いたので一旦昼食にすることにしました。近くのグルジア料理店に入りました。なんとこの日はグルジアの何かの記念日ということで、お菓子や飲物のサービスがあり、店の中は大賑わい。不思議なものをたくさん食べました。紐状の酸っぱい食べ物やお菓子も民族独特の形や色をしていました。シャシュルイクという串焼きも食べました。あまりに楽しくてついつい長居をしてしまい、肝心の墓地に行く時間を失ってしまいました。（今日、グルジアはジョージアと呼ばれるようになりました）

気がつくと墓地が閉まる時刻でした。では町を散歩しましょうと路地に入りました。私は路地を散歩するのが大好きです。ドームと呼ばれる大きな建物の中にクバルチーラと呼ばれる住宅が沢山あるのがロシアの特徴です。ドームには小さな公園がところどころにあり、子どもたちがブランコに乗ったり走り回ったりしています。夕闇が少しずつ濃くなってきます。もうすぐお母さんが呼びにくる頃でしょう。台所ではボルシチが煮えているのでしょうか？　皆さん、お元気で！

81　マリヤさんの実家に

十月五日マリヤさんのお宅に招ばれました。マリヤさんの勉強部屋は本の山です。凄い勉強の量です。モスクワ大学の学生はこんなに勉強をするのかと、私は口をあんぐりさせてしまいました。さすが！　大型犬も人懐こくお出迎えです。「お手！」と言うと手を出します。

え？　日本語が分かるの？

82 我が家へ

マリヤさんの家で犬と遊んだり、ご馳走になったりと、楽しいひと時を過ごし、国際空港から飛び立ち、帰国です。帰りは偏西風のおかげで飛行時間は三、四十分短くてすみます。成田に着くともう安心です。着いた途端に箸を使って醤油味のものが食べたくなります。ラーメンが最高のご馳走。これを食べる幸せ！　炙り海苔の香り、ワーッ！　日本だ！　そして我が家がある駅にたどり着きます。何と懐かしい。見飽きるほど見ている駅が何と穏やかに優しく私を迎えてくれていることか。時には自分の暮らしを離れてみるのもよいものだと思います。あとは爆睡の時間が待っているだけ。「終わった！」そして「やった！」山ほど眠るぞ！　もうクタクタ。

83「どうなりました？」

何日か頭がくらくらする日々を過ごしていました。時差ボケがなかなかとれません。ことの成り行きを心配してくださっていた富田先生からメールが入っていました。「どうなりました？」と。お世話になった皆さんに今回の成り行きをどう報告すればよいか、よいアイデアが浮かびません。取り敢えず写真一枚と文章二枚を先生に返信しました。その後ＮＨＫテレビの取材やマリヤさんのテレビ出演などがありました。外国向けの放送でしたのでマリヤさんは英語で話していました。マリヤさんの綺麗な英語に又びっくりしました。

その後たくさんの新聞記者の方々から取材が入り我家にみえました。記者さんは朝食抜きで飛行機で来る方もありました。ひとまずカレーを召し上がれ！

折り鶴よ　羽ばたけ故郷《くに》へ魂《みたま》乗せ

二〇一五年十月二日　ノリリスク市ゴルゴダの丘にて除幕式

私はこの日をずっと忘れないでしょう。四度、ノリリスクにやってきたことの意味をずっと噛み締めていました。肉体は故郷に帰ることが出来ませんでしたが、ノリリスクをさまよっている日本人死者たちの魂を、いつか日本に連れ帰りたいと、そのために誰かがいつかここにやってくると魂達は待っていたのではないだろうかと、そうでなければ、あまりにも辛い救われない人々ではないかと……。

私は、ノリリスクへ出発する前に、いろいろな人々に呼びかけて折り鶴を折ってもらいました。「日本から持ってきましたよ。この鶴に乗って故郷に帰ってきて下さい。折り鶴よ。力強く飛びなさい！」そう祈って、慰霊碑に折り鶴を捧げました。

そして、抑留体験者の方から頂いた羊かんと私の友人から預かった羊かんを供えました。どんなに甘いものが欲しかったことでしょう。憧れたことでしょう。夢に見たことでしょう。しばし味わって下さい。

日本人慰霊碑除幕式（ノリリスクのゴルゴダにて）筆者が触れているのは、花崗岩の碑文の後ろ側の金属のプレートに書かれている「生存の権利」という言葉。碑の右側に立っている二人の男性はグベンコ兄弟で、碑を制作してくれました。

静かで風ひとつないゴルゴダの丘に、三十人ばかりのノリリスク市民が集まっていました。日本から来た鶴や羊かんを見守るノリリスク市民、その両者がまるでひとつに溶け合ったような不思議な時間でした。

私はノリリスク市民にお願いをしました。

「今日のこの出来事を子々孫々に語り継いで下さい。そして皆さんの手でこのシンボルをいつまでも輝かせて下さい。みなさんのご多幸とご健康をお祈りします」

私は日本から身につけてきた父の形見である柔道のメダルと、母の形見の真珠のイヤリングに報告しました。「無事に終わったよ、もうここには来ないけど、三人のいい思い出が今日一つ生まれたね。父さんと母さんは私の一番の後押し役だった。父さんと母さんがこんなに強い人とは思わなかったよ。お陰でやり遂げられたよ」

私の中では、抑留の中の何かが超えられたような気がしました。それが何なのか、今の私にはわかりませんが、残された課題を、次の世代に生きる人達へ橋渡しをしてゆく仕事は、まだまだ大きく私の前に立ちはだかっています。行けるところまで行こう……。

きっと新しい明日は開けていく、今の私はそんな気持ちでいます。

いつから慰霊碑を建てようと思ったか

自分では思い出すことが出来ません。しかし毎日新聞の記者、青島さんが「十一年前からですよ」と教えて下さいました。春になり、夏が来て、秋を迎え、冬になる、それを十一回も繰り返したということになります。何と長い年月だったことかと思います。しかし 母の苦しみに比べれば、何と短かったことだろうと思います。

一九四五年八月十五日、父は樺太庁で仕事をしておりました。敗戦と聞き、母と三歳の私は父の故郷山口へと逃げ帰ることとなりました。父が、仕事の整理がついたら帰るから待っていて欲しい、と言って別れたのが八月十六日、それが永遠の別れとなりました。

それ以来、母は二〇〇二年に他界するまで半世紀以上、父のシベリア抑留死を納得せず、胸につかえる思いを持ちながら生きておりました。どうして自分の夫が聞いたこともない極寒の地に送られ、強制労働の末死なねばならなかったのか、渡辺良穂という人はそのような目に合わなければならない人ではなかったはず、とずっと言い続けていました。その長い不納得の時間は生き残ったものをどんなに苦しめてきたか、ということにもなります。

本当に長い時間でした。

父の短い人生、母の長い苦しみ、これをこのままにしてよいのだろうか。母は父の他界した西シベリアのノリリスク市に、日本人慰霊碑を作りたいと言っていた、その言葉が時折私の心を揺さぶりました。できるかどうかわからないけれどやってみよう！　取り組まなければ、宿命だけが私の手元に残る、取り組めばたとえ完成せずとも、何かが小さく動くはずだ、その波動は決して無意味なものにはならないだろう。その代わり思いもよらない苦労が私に降ってかかるだろう、どうだ、その覚悟はできるか？　と何度も自分を問い詰めました。

覚悟した以上は、泣き言を言わずに頑張ろうと思いました。一つひとつ具体例を挙げることはできませんが、まさに我慢の連続。「我慢」ができなければ碑は完成しなかったでしょう。

詳しいことは省略しますが、（とても書くスペースがありません）ノリリスク市の有力な助っ人スベトラーナさんと日本で学ぶロシア人留学生マリヤさんほか、沢山の人々の励ましと支援により二〇一五年十月二日にノリリスク市において除幕式がとり行われました。

本当に「完成」したのです。

なぜ この碑は出来たのだろう？　私はこう思います。最初の一歩は私が踏み出したのですが、この問題を私一人の問題にしなかったことが成功の秘訣だったと思います。

そうです。この碑はみなさんの力の結集だったのです。

84　城の石垣

　ある日、ごろりとテレビの前に寝そべって旅番組を見ていました。慰霊碑を建てる前と後ではこうも気持ちが変わるものかと、自分でもびっくりしました。どこの城の石垣かは忘れましたが、石垣の間に逆さまになったお地蔵様や名前が薄っすらと見える墓石が使われているのが見えました。早く城を完成させないと敵が攻めてくると焦ったのでしょう。以前の私でしたらそのまま見過ごしていたかもしれません。ところがそのお地蔵様や墓石を見てその裏にあるドラマを想像してしまいました。

「村の人達が大事にしているお地蔵様なので持って行かないでください」と、村総出でお願いしたにもかかわらず、お地蔵様は持って行かれたのではないだろうか……。この墓は、長年我が家で大事にしてきたのだから、持って行かないでください、これは我が家が続いてきた証です、と泣いてすがったにもかかわらず引っこ抜かれたのではなかろうか……、村人たちが気の毒に思えてきます。慰霊碑を建てたばかりの私にはショックな映像でした。確かに織田信長や豊臣秀吉、徳川家康は天才で時代を動かした人には違いありませんが、その時代を支えていたのは名も無き多くの人々ではなかったのか、その人達の事を忘れてはいけないと、つくづく思った旅番組でした。

85 ある日喫茶店で

帰国して少し落ち着いたある日、マリヤさんと会うことにしました。ノリリスクやモスクワの話をしだすと切りがありません。二人にしかわからない思い出を今では笑いとともに話すことができます。色々話をして一段落したところで、私が最近感じたことを話し始めました。

「ねえ、マリヤさん、マリヤさんは歴史を専門に勉強したのでしょう？　歴史を動かした大人物をもっと掘り下げることも大事だと思うけれど、名もなき歴史に埋もれてきた人たちの事を掘り起こして行くことも大事なことだとは思わない？　歴史を専門にしている人にぜひやってほしいと思っているのだけれど……」するとマリヤさんは、「私は歴史を勉強する中で、研究者の道を選ばず、実践者の道を選んだので、少し方向が違っています。でも渡辺さんの考え方には賛成です。もしノリリスクの報告書を書くのだとすれば、渡辺さんのその想いを盛り込んだらどうですか？」

話し合いをしながら私は気づきました。それは人任せにせず、取りあえず私は「父のこと」を調べてみなければ！　父の抑留後の全貌がわからないまでも、ほんの少しでもわかればそれが何かの役に立つかもしれない。研究者にお願いするだけにせず、自分でも出来るだけ記録を残そう、どんなに文が下手でも、取り組まないより取り組んだほうがよい、と報告書を書く気持ちが湧いてきました。さあこれからが大変です。自分の仕事は終わったと思っていたのに、年老いた私にまた大仕事です。でもこれはやらなければなりません。苦いコーヒーをぐっと飲み干しました。

86 ロシアから送られてきた個人資料を求める請求書（厚労省への提出書）

そういえば以前、有光さんに送ってもらった申込み用紙があることを思い出しました。それを家探しして見つけました。用紙にさっそく書き込みを始めましたが、どうしても書けない部分があります。「終戦時に於ける家族の住所」の項です。私達一家は樺太（現在のロシア、サハリン州）に住んでいたので、その住所がわかりません。当時三才で記憶にありませんし、母から聞いたこともありません。どのようにして調べたらよいのでしょう。サハリン州の行政府に問い合わせたところで日本時代のことはわからないと言われるのが落ちでしょう。

他の箇所を全部埋めたところで、ハタと行き詰まってしまいました。そのうちどなたかに相談してみようと思って、目につくところに置いておきました。果たして

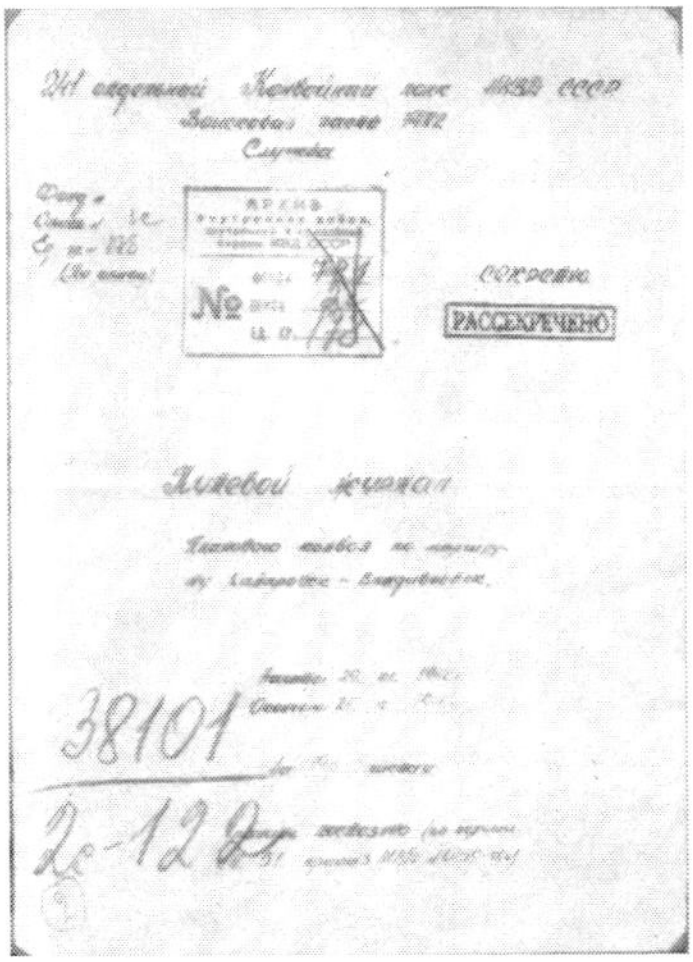

厚労省から送られてきたロシア語の一例

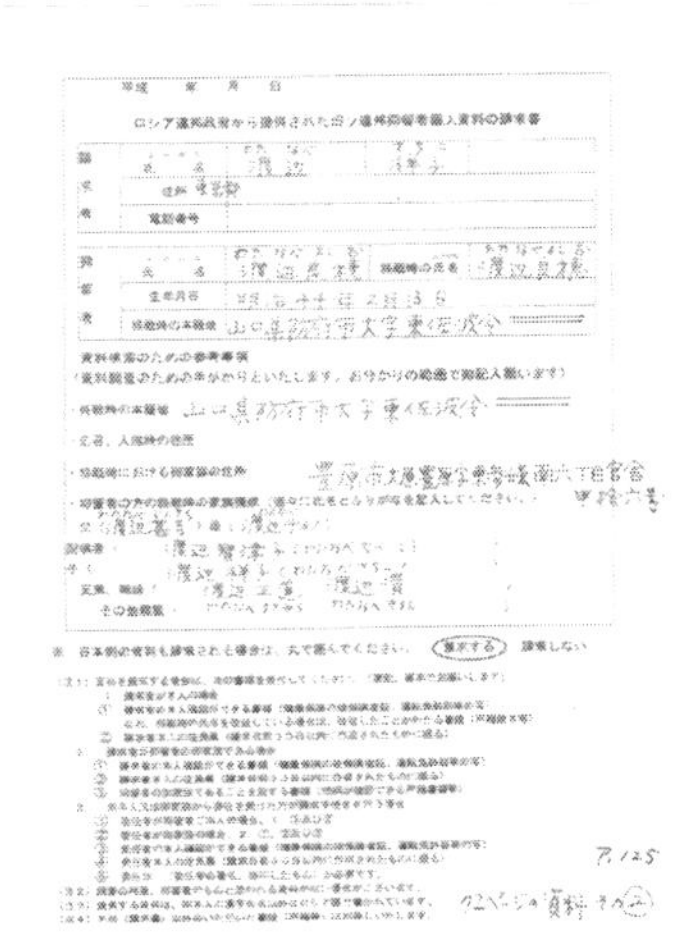

厚労省への請求書

終戦時の住所を明確に知っている人がどのくらいいるだろうかと思いました。何しろ混乱時であり、中国や朝鮮にいた人も少なからずいるはずです。きっとこの項で困っている人がいるのではないかと思いました。その後、記者の青島さんが「樺連情報」という機関紙に住所が載っていたと知らせてくれました。現在のように個人情報云々といわない時代でしたので、父が樺太庁に赴任した頃のことが事細かに書かれていました。当時の住所がわかるとは本当にびっくりでした。早速提出です！　時間はかかるけれど待っていてくださいと、厚労省の原田さんから電話がきました。とても優しい感じの方でした。根気よく待つことにしました。

東京都千代田区霞が関1-2-2
厚生労働省
社会・援護局
ひと、くらし、みらいのために
郵便番号　100-8916　援護・業務課 調査資料室調査係
電話番号　03(5253)1111(大代表)
厚生労働省ホームページ　http://www.mhlw.go.jp/

【遺族の皆様】個人の資料を請求すると提供してくれます。実際に存在するかどうかは別として是非請求してみてください。親切に対応してくれます。

87 秋を迎えて

厚労省に書類を提出しましたが、父は有罪判決を受けているので、そういった人間の書類は日本には送られておらず、ロシアの軍事公文書館に一括して収められているようです。父のものはありませんでした。しかし原田さんにはとても感謝しております。

ところで、世は大村智さんのイベルメクチンによるノーベル賞受章で沸き返っていました。日本人は頑張り屋、そして努力家です。誇らしく思いながらテレビを見ていました。画面は変わって秋の美しい景色。京都にでも行ってみたいと思いながら、ふと我が家の庭を見ると目の前にカエデが美しく佇んでいます。

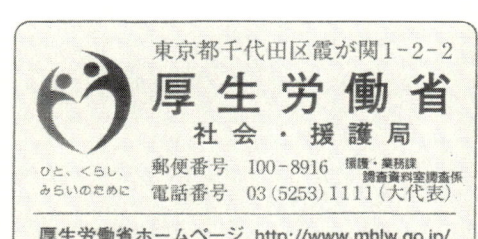

青く澄んだ空。遠慮がちに色づき始めたカエデ。爽やかな風。そして名もなき草花の何と美しいこと！一生懸命に咲く姿には生きる美しさがあります。

ふっと幸せとはこうゆうことをいうのだろうと思いました。そして空を見ているうち、この空の向こうにノリリスクの人たちが生活しているのだと思いました。幸せであって欲しい。今、ノリリスクの人たちの幸せを心から願っている自分は、何と幸せな人間なんだろうと思いました。私は心の中でノリリスクの人たちに話しかけました。誤解をしないで聞いて下さい。これは決して嫌味で言っているのではないのです。ノリリスクは環境問題を抱えているのがよくわかりました。どうか産業の発展とともに、環境問題もさらに充実させて下さい。いつまでも美しく明るいノリリスクでいてほしいと願っています。今の私はノリリスクを兄弟姉妹が住んでいるところだと思っています。そう話しかけながら私はかつて田中正造が言った言葉を思い出していました。「真の文明は山を荒らさず、川を汚さず、村を壊さず、人を殺さず」これは全世界の人たちが噛みしめるべき言葉のような気がします。壊した自然は壊した者に向かってきます。そうならないようにしたい。庭にカエデが存在しなくなったらそれは恐ろしいことだと思いました。

88 学生さんたちと話し合う

ノリリスクで高校生たちと交流した経験があり、若い人たちは頼もしいと感じていたところ、ある大学の先生から「渡辺さんの経験を話して下さい」、と依頼がきました。私はマリヤさんと簡単な打ち合わせをして、教室に行きました。今の学生さんたちは、私のように自分の父親が抑留の憂き目に遭うとは想像もできないことと思います。しかし実際に六十万人以上の日本人が抑留の憂き目に遭い、命を落とした人、心に深い傷を負って帰国した人もいれば、差別に苦しんだ人たちが現実に存在したと知ると、歴史の闇の深さを思わざるを得ないと思います。

過去を知るためだけにではなく未来の為に是非知ってほしい、と私のささやかな経験をお話することにしました。マリヤさんとかわるがわる話そうと打ち合わせをしていたにもかかわらず、私は一人で突っ走ってしまいました。学生さんがあまりにも一生懸命聴いてくれるので、私のほうが止まらなくなってしまったのです。

伝えたい思いが滝のように飛び出してくるのです。慌ててマリヤさんにバトンタッチ。若いっていいなあ。もう戻れないけれど、前を向いて進もうとする人たちがちゃんといるのだもの。私も頑張って生きよう。若い人たちはたっぷりと私に元気をくれました。

ある女子学生の感想

（これはほんの一部ですが、若い人達はしっかりしていると感じました。おばあさんの体験の聞き取りをするという男子学生清水悠太さんもいました）。

シベリア抑留問題に関しては、ソ連・日本両国の計画や政治の杜撰さ、人命の軽視が浮き彫りになる問題だと思いました。とくに日本の国内の問題については、それは終戦当時の問題だけではなく、現代までずっと先延ばしにされ、お役所的な、なあなあなまま済まされ、問題が風化して、当事者の方々が亡くなられるのを待っているかのような対応に、腹がたちました。

民主化運動などの影響もあり、一致団結することもできず、そこもいうなれば国にとってはある意味都合のよい部分なのでしょうか。もし国に対してなんらかの働きかけをされていたのなら、少しは変わったのではないかとも思います。

また、ＧＨＱや連合軍、日本政府の政治的なかけひきによって、社会生活や報道などの面でも、犠牲になられた部分が大いにあると知り、お上のすることは東西を問わず変わらないものだな、と思いました。ただ自国民にたいする補償の点では、比べものにならないほど酷いなとも思いました。

最後に、私は個人的には遺骨というものにあまり執着をもたないのですが、それでも、シベリアの地に埋められたままだという事実は、悲しいことだと思うので、遺骨収集が、一日も早く完了するとよいと思いました。

89 ノリリスク学があるといいな

ノリリスクから帰って、彼の地を少しずつ思い出すにつけ、ノリリスクというところはとても不思議な土地のように思えてくるのです。例えば、土がなくても生きてゆける地衣類です。私は庭で苔を見たり、散歩の途中ジメジメした石にへばりついている植物を見るにつけ、ノリリスクやタルナフの博物館で見た地衣類の標本を思い出すのです。日本で見る苔と比べて、とてつもなく強い生き物のように思われ、その厳しい条件で生きてゆくことへの適応力の凄さを感じるのです。

日本では苔の愛好家がいて、苔の美しさを味わったり育てて楽しんでいる人たちがいますが、様子がずいぶん違うのです。ノリリスクの苔は鑑賞するより生命力への敬意を感じる代物です。

またシベリアの蚊についても、よくマイナス六十度で越冬できると驚きます。あの寒さの中を生き抜くのですから、仮死状態になって過ごすのでしょうか。シベリアの蚊は刺されると痛さを感じますし、追い払っても逃げません。襲ってきます。一九九〇年、母と襲来から逃げた記憶があります。調べてみると「乾眠」といって、生物がマイナス二百七十三度でも生きている状態で原始的な生物が持ち合わせている能力だそうです。驚きです。

生物の不思議ばかりではありません。ノリリスクで貰った小さな金属の塊は何億年か前のものだと聞きました。調べてみると、どうやらシベリアントラップと言われる大噴火が二億五千万年前にあったようです。その時にニッケルや銅が吹き出したのでしょうか？（ついでにペルム紀というのがありますがこれはロシアの村の名前に由来するそうで、古生代の最後の時期をさします）また、私が知りたいのは月の昇りと沈み方です。日本では月は東に日は西にといわれますが、極北地方ではどのように見えるのでしょう。これはノリリスクの人に訊けばすぐにわかることですが、北極星に気を取られ、月には気がまわりませんでした。

そして抑留についてはもちろんのこと、環境問題や先住民の歴史や暮らし等。ノリリスクを学問的に一つひとつ深めてゆき、それを総合的にみてゆくとどうなるか。「ノリリスクの姿」が克明に浮かび上がってきて面白いと思います。誰か学生さんが興味を持ってくれないかと願っていますが、簡単に渡航できる事が先決ですね。いや、研究への道を切り開いていけば良いのでは、と思ったりもします。若い皆さん頑張ってください。

90 ノリリスクの人たちにも日本を知ってもらいたい

ノリリスクの芸術家ボールギンさんは、「北斎は素晴らしい」と言っていましたが、北斎だけではありません。若冲や国芳も素敵です。日本人は西欧人が知らないジャンルを生み出したといわれています。私が個人的に好きなのは樋口一葉です。女性がまだ選挙権も持たず社会的に不遇な時代に、貧困や病気と闘いながら珠玉の作品を遺し、わずか二十四才でこの世を去ってしまった一葉。女性の悲しさを、大人びた目で見ていると感じます。いや素敵な人は沢山いますよ。日本をあちこちから眺めて下さい。きっと何か共通するものや考え方の違いに興味を持つことが出来ると思います。お互いの素敵なところを見つけ合いましょう！　レッツ！　学び合おう！

91 ある日突然賞を戴く

二〇一五年十月三十日、有光さんからのメールに、「賞にノミネートされています」とありました。何のことかと返信すると、しばらくして「おめでとうございます。決定です。すぐ略歴を書いて送って下さい」とありました。何のことやらさっぱりわかりません。しかし私は略歴を直ぐに書いて欲しいという方に反応してしまいました。以前ノリリスク市長あてに有光さんが責任をもつので慰霊碑をノリリスクに建てさせて欲しいというお願いをしてくださったことを思い出し、有光さんからの「直ぐに」というお願いに応えなければならないと思い、略歴を送りました。

その後で「しかし、何だろう?」ともう一度考えました。本当にのんきな私です。やはり心配で問い合わせると、「第一回シベリア記録・文化賞です」とのこと。益々わかりません。私は何も「記録」していませんし、文化活動もしておりません。まさか私をからかっているとは思えません。有光さんはそのような方ではありません。

しばらくぼんやりとしていると、有光さんが電話をくださり、「十一月八日を空けておいて下さい。詳細はまた連絡します」と言われました。私は友人たちとお蕎麦を食べに行く約束をしていたので、「先約があります」というと、「いやどうしても空けておいて下さい!」と電話を切りました。今日は奇妙な日だなと思っているところへ毎日新聞の青島さんから電話が入りました。「いやあ、渡辺さんよかったですね。おめでとうございます」いつも落ち着いている青島さんの声がブルブルと震えています。きっと賞を決める現場にいたのかもしれません。その時の緊張をそのままこの電話が伝えていたのかもしれません。

私は何と返事をしてよいのかわかりません。一番わかっていないのが私なのですから、「お気持ちを聞かせてください」そう言われても答えようがありません。「狐につままれたような気分です」、きっと「嬉しいです」と言ってほしかったのだと思いますが、とてもそんな気持ちにはなれません。逆に「どうして私が賞を受けたのでしょう?」と質問すると、「外国人立ち入り禁止地域に日本人で初めて慰霊碑を建てたからですよ」と言われました。しかしそれが記録や文化にどの様に関係しているのかと、まだ腑に落ちません。「今後どんなことをしてゆきたいですか?」と聞かれ、「慰霊碑を建てて終わりとは思っていませんよ。やるべきことはたくさんあるような気がします。自分にできることを少しずつ続けていこうと思っています」と言うと、「とにかく良かったですね」と言って青島さんは電話を切りました。

電話の後、なんとなく頭が痛くなり横になり考えました。私は大したこともせず賞を戴くわけにはいかない、明日、有光さんに自分の正直な気持ちを話し、辞退させていただくことにしよう、そう思ったら安心してウトウトと眠ってしまいました。

翌日電話が鳴り、あ、丁度良い、有光さんだろうと思い受話器を取ると、友人の由紀子さんからで「おめでとう！　毎日新聞に載っていたわよ、良かったわね」と言われ、ああ、もう全国に知れてしまったのだと、もう断れないことを知りました。そんなわけで私のようなふさわしいとは思えない者が受章することになってしまいました。今でも良かったのだろうかと不安と心配が心のなかにあります。

92　二〇一五年十一月八日（授賞式）

この年はなんと思わぬことが数々起きた年だったでしょう。授賞式の会場へ行くのに、いつものように行き慣れた抑留研究会に行くようにはいきません。会場は同じなのですが、神谷町の駅を降りると坂がとても急坂に思えました。通常はいそいそと今日は何を学べるのだろうと研究会会場に出かけるのですがまだ自分に対する疑問が解けたわけではありません。本当に私なのだろうか、渡辺という苗字は多いので別の人が受章を待っているのではないだろうか、そうであればそっと帰ろうと思いながら、重い足を引きずっていました。

会場に入るとどうやら私であることが本当のようでした。今でも思い出せないのですが、どのような順番で式が進められていったのか憶えていません。しかし受章の挨拶はしなければなりません。メモを見ながらやっと挨拶をしました。

1. ノリリスクの人たちの支えに感謝し、折り鶴を折ってくださった見知らぬ人たちに感謝し、もちろん友人知人にも感謝し、ロシアやバルトやカナダの人たちにも感謝し、残念ながら私を応援してくださっていたにもかかわらず今は鬼籍に入られた方々にも感謝し、そして今日ここにいて欲しかったマリヤさんにも感謝していること（マリヤさんは修士論文の都合で来場できませんでした）等を話しました。

2. 受章の感想

自分はふさわしくないと今でも思っていること。しかし戴いたからには、今後ふさわしい仕事ができるよう頑張りたいと思っていることなどを話しました。

3. 今後の事

まだ、頭の整理ができていないこと。しかし、少し落ち着いたらノリリスクのゴルゴダに於ける素晴らしい除幕式のひとときの事を下手な文ではあるがまとめてお世話になった方々に報告したい。

除幕式の折に六、七歳の少年がいたこと。彼がきっと慰霊碑を守りその精神を語り継いでくれるような気がすること。過去の為だけではなく、未来のために慰霊碑を作ったつもりであること。この慰霊碑の物語が次々と未来に語り継がれていくことを期待し、また信じている。

そのように締めくくりました。

幾つか新聞記者の方々から質問を受けましたが、上の空でしっかり憶えていません。立食パーティーがありましたが、ポテトチップスを二枚食べただけでした。こんなに緊張したことはありませんでした。帰りにふと気づくと江口さんの奥様から頂いたバラの花束が手中にありました。今は亡き江口さん、ノリリスクについて詳しく教えて下さいました。そして尊敬する村山先生。「先生、ロシア民謡を歌ってください！　嬉しい時、先生の口からいつも歌が聞こえてきましたよね」。とバラに話しかけました。緩やかな下り坂を少し寒い夜風が追いかけてきました。

93 若い人たちへ

今日はポトポトと音を立て雨が降っています。屋根を叩く音がまるで人生の音のように響いてきます。こんな時は静かに降る雨を眺めながら、自分の来た道の事を考えてみたくなります。自分は頭も悪く性格も良くないので人に迷惑をかけるために生きているようなものだ、今まで随分と無駄なご飯を食べてきたような気がする、とそんなことを思ってしまいます。

しかし「無駄」、そんなものはないと思うようになりました。例えばたぬきは、野球もしなければ歌も歌わない、しかしそれでもしっかり生きている。人間だけが絵を描いたり旅をしたりする。それをしたからといってお腹がいっぱいになるわけでもなく、仕事が片づいたりするわけでもない。しかし、とても気持ちが豊かになったような気がする。人間にとって必要な無駄は大切だ。だいたい自分の人生を無駄だったなんて思ってはいけない。

そう思えるようになったのは私が慰霊碑作りに取り組み始めてからでした。父の死を心から残念がった母の他にも、沢山の人たちが自分の関係者の死を心から悔やんでいたに違いありません。力が強いから生きていてもよいとか、金持ちだから生きていてもよいなどということはありません。たとえ弱かろうと、年をとっていようと、ひとりひとりに大事な命があり、そして出来る限りいきいきと豊かに生き切ることが大切だと思います。

私は慰霊碑作りをしながらふと、昔読んだニュートンの伝記の中にジョン・ロックが出てきた事を思い出しました。ニュートンと同時代を生きた人で「自然権としての生存の権利」を唱えた人です。私が建てた慰霊碑には「生存の権利」と書かれていますが、実はこのロックの言葉が頭をよぎったからです。昔の人の言葉ですが、この言葉は、今もとても素晴らしい輝きを持っていると思います。ロックについてはそれ以上のことは思い出せませんが「生存の権利」は私の心の中で密かにあたためられていました。

生まれた以上は頑張って生きなければならないし、生かさなければならないという基本をぜひ慰霊碑に盛り込みたかったのです。そんなことを考えるうちに自分という人間がどんなにつまらない人間でも大事な命を父母から貰ったことに気づきました。慰霊碑を建てた今、私が強く願っていることはこれからも慰霊碑作りは続いてほしいということです。何も遺族の子供の世代だけが建てようと思わず孫でもひ孫でも玄孫でも取り組んで欲しいのです。ロシアのあの広い大地にぽつりぽつりと白い花を一輪ずつ咲かせるように、慰霊碑を建てていってほしいです。

大丈夫ですよ、きっと出来ますよ。ロシアの人々もきっと受け入れてくれるはずです。受け入れることは、自分たちの人権を守る行為につながってゆくということをロシアの人たちは知っています。頑張ってください。私は皆さんに期待しています。そしてそのことが今、人類に荒んだ心があるとすれば、清々しい心を取り戻す行為につながるだろうし、今にも崩れそうになっている、昔建てた慰霊碑を救うことにもつながります。

新しい慰霊碑は抑留を思い起こさせ、考え直させ、古い慰霊碑の想いをもう一度生き返らせます。お腹はいっぱいにはなりませんが、心が人間らしくなるような気がします。頑張ってください。

94 青い山

山頭火の句に「分け入っても分け入っても青い山」とあります。以前この句を読んだ時は、行けども行けども出口が見えてこないと言っているのかと思いました。

しかし先日この句を思い出した時、ああよかった「青い山」なのだと思いました。青い山でよかった、と思いました。山に登っているので確かに大変かもしれませんが、彼は青い木々に包まれ、充分にその青さを堪能しながら山を歩いているのだと思いました。「よかったね、山頭火」と声をかけたくなりました。

慰霊碑を建てる前と後ではこんなに自分の気持ちが変わるのかと思いました。思い出もそうです。私にとって父との思い出はありません。しかし、なくても思い出は作れます。慰霊碑を作る過程で何度も父と会話を繰り返し、その度父に励まされ、出来上がった時は、北辰となって私の前に現れ、よくやったと声をかけてくれました。思い出は作るものでもあります。新しい思い出をたくさん作りました。父さん、父さんとの思い出は本当によい思い出ですよ！

95 市民の一人として

「古来征戦幾人か回る」と昔の人は言います。戦争に苦しむのはいつも庶民です。死ななくてもよいのに死ぬのです。一度失った命は戻りません。不可逆反応は起こりません。ですから、自分は市民のひとりとして遺族の一人として「戦争をしてはいけない」と言い続けたいと思います。社会の土台を支えているのは市民です。ですから市民はしっかりしなければと思うと同時に社会を支えていることに誇りを持ち、市民こそ力！　と思ってゆきたいです。

96 シルバー川柳

とはいえ後期高齢者。友人池上明さんにもらった川柳を五句。彼は高齢者の作った川柳をプリントして持ってきてくれました。池上さんは私よりも抑留に関する本を読んでおられ詳しい方です。資料や本、また、メールで情報もくださいます。私のほうがあたふたしてしまいます。

幼馴染みの拓ちゃんもそうです。

・三時間 待って病名「加齢です」

・「こないだ」と五十年前の話をし

・良い医者を 待合室で教えられ
・立ち上がり 用事忘れて また座る
・嘘つかぬ 鏡は曇った ままでいい
お後がよろしいようで……。

97 マリヤさんとお花見

マリヤさんからメールが入りました。

「私は日本で就職するかモスクワで就職するかの瀬戸際にきています。ことによってはお別れすることになるかもしれません。そこで提案なのですが、春の佳き日、井の頭公園の池で一緒にボートに乗りませんか。素敵な思い出がまた一つ増えると思います」。別れるにあたっての思い出作り？ 何というお誘いでしょう。

というわけで二〇一六年四月一日吉祥寺で食事をしました。マリヤさんの人生に私が口出しをすることはできませんが、願わくば日本で仕事を見つけてくれたら嬉しいと思っていました。日本なら会いたくなったらどこへでも飛んでゆけます。しかしモスクワではどうにもなりません。もはや十時間三十分の飛行は私にはきつく思われます。

昨年は気合に気合を入れてノリリスクまで行きましたが、今思うとよく頑張ったものだと自分でも思います。これがお別れになるかもしれないと思うと食事も進みません。マリヤさんを見ると意外に美味しそうに食べています。しかし人生は自分の思い通りにはならないものだから、今日を楽しく過ごそうと思いました。

池に行き足漕ぎ型のスワンに乗りました。丁度桜が見頃で、池の上に手を差し伸べるように咲いていました。沢山のカップルがボートを漕いでいて、私達のように、ばばまごの組み合わせはさすがにいませんでした。あっちでぶつかりこっちでぶつかりしながら池の一番奥まで行きました。桜は丁度まんまるな玉を作り美しいのなんの、マリヤさんが言います。「私、こんなことに前から憧れていたんです。やっと願いが叶いました」「そう、良かったわね……」続けて彼女が言いました。「私、時々ふてくされてすみませんでした」彼女にあまりにもハードに動いてもらったので、疲れていたのだろうと思ったことがありました。

しかし、おばあさんや両親にしか見せない顔を私にも見せていたのだと思うと、より身近に感じ、嬉しく思いました。

彼女のバイトの時間が来たので吉祥寺駅で別れました。人混みの中の後ろ姿を見ていると、彼女が立ち止まって振り向きました。お互いに手を振り合って、今度は私が人混みに紛れました。電車の中で寂しくて寂しくて涙が出そうになりました。春らしい眩しさも、やってきた芽吹きの季節も私には涙の向こうの景色としか映りませんでした。マリヤさん、さようならは言いたくないよ。どうしても！　電車は無常にも私とマリヤさんを益々遠くへと引き離してゆくのでした。

98 抑留経験者、小熊謙二さん

幸いマリヤさんは日本での就職が決まりました。嬉しくて有頂天になったのは言うまでもありません。そこへ小熊さんから電話が入りました。「毎日新聞を読みましたよ。良かったですね。あなたはラッキーな人なんですよ。天があなたにマリヤさんを遣わしたのですね」

小熊さんのおっしゃるとおりです。共に慰霊碑を建てた大事な仲間です。二人で一つの仕事をしました。いつもマリヤさんへの感謝の気持ちがこみ上げてきます。そして抑留経験者のお力添えも忘れてはいません。すべてのみなさんの想いが慰霊碑を建てさせたのです。もう一度、皆様ありがとうございました！

99 ある日、シャクナゲが……

ある日玄関のブザーが鳴って、植木屋さんが来ました。「シャクナゲをお持ちしましたが、どこに植えますか？」と言います。夫が出て庭の真ん中にしてくださいと言っているのが聞こえます。「どうしたの？」と聞くと、「長い間ご苦労さんでした。何も手伝えなかったけれどよくがんばったね」と言います。「慰霊碑の事？」というと、そうだといいます。「以前一緒に植物園に行っただろう？　その時シャクナゲが綺麗だと言っていたね。お祝いにプレゼントするよ」と言ってニッコリ笑います。その「ニッコリ」は初めてスキー場で出会った時の「ニッコリ」に似ていました。小さな諍いがいくつもありながら、いつもこの「ニッコリ」があったのでなんとかここまでやってこられたのだと気づきました。よく見ると歳はとったもののとても爽やかな笑顔です。日本は微笑みの国とよく言われますが、やはり微笑みはよいものです。シャクナゲと微笑みのプレゼントか……、最高だなと思いました。これから先どんどん歳をとり、私たちは向かい風の吹く上り坂を登らなければなりません。頑張ろう、和さん。雲行きが怪しくなってきたら、今日のことを思い出しますよ。一ヶ月後、ピンクの美しい花を咲かせました。あらためてシャクナゲは美しいと思いました。

100 この拙書を夫と二人の息子に捧げます

私はこの拙書の原案を我が家の食卓の上で練りました。小さな食卓ですが、ここが私の一番好きな場所です。あるときはここで手紙を書き、またある時はTVを見ながら人参を刻んだり大根を切ったりします。一番楽しい時は、息子たちがやってきて夫と私の誕生日を祝い、父の日を祝い母の日を祝ってくれる時です。他愛のない話をしながら長い時間を一緒に過ごすこの食卓。この食卓からこの本は生まれました。食卓は私に「もっと書けもっと書け」と催促をしました。家族の存在なくして、この拙書は生まれませんでした。三人に心をこめて「ありがとう」を言います。そしてこの本が沢山の人たちに水平伝播し、「抑留」を考えて下さるきっかけになればと願いつつ、力になってくださった皆様へのお礼の報告とさせていただきます。

二〇一六年半夏生咲く日に　渡辺祥子

101 突然、逝ってしまった友よ

このつまらない拙文を心から待ち望んでいた友がいました。高校時代の友人、里美さんです。ところが事故で突然世を去りました。二〇一六年十二月三十一日、間に合わなかったのです。原稿は仕上がっていたにも関わらず私がグズグズしていたために、ごめんなさい、里美さん。

里美さんはとても心の優しい人でした。一緒にたくさんの絵を観に行ったっけ。横浜、有楽町、新宿、京橋……。一緒に歩いた道を私は今、思い出しています。弾むような春、美しい秋、本当に楽しかった。牡蠣ご飯やスパゲッティー、中華料理を食べたね。そしてコーヒーの香りの向こうから静かな語り口でアルトの声が聞こえてきた……。

カナダにいた頃、車でバンフに行ったこと、チャップリンの映画に詳しくなったことなど嬉しそうに話す彼女を思い出すと、とても懐かしい。何よりも嬉しかったのはこの十一年間、慰霊碑建立で苦しんでいる私をずっと応援し続けてくれたことです。

彼女は「ブラボー」という言葉が好きで、私の仕事がうまく進むと、きれいな絵葉書に「ブラボー！よくやった、引き続きがんばって」と書いてくれていました。何度も、何度も。そして私が行き詰まっている時も、勘のいい彼女は翌日には励ましの手紙をくれたものです。慰霊碑が建ったことを新聞で知って「とうとうやりましたね！　今朝、新聞で知りました。これから図書館に行って他紙も見てきます」と葉書をくれました。彼女の家の近くの、元都立大学が区民のための施設になっていたのです。

二月、自宅にお別れに行きました。柿の木坂にさしかかると無性に悲しくなりました。彼女にニコニコしながら「まあ！　遠くからよく来てくれたわね」と言ってほしかったのに、今は何も言いません。門のそばにりっぱな松がありました。私は松の下でとうとうポタポタと涙を流してしまいました。どうしても受け止められない現実。本当に彼女はいないのだ！　遺影の前で「本が間にあわなくて、ごめんなさい」を繰り返すことしかできませんでした。

三月、多磨霊園に墓参りに行きました。彼女の好きな水仙の花がきれいに咲いていました。なぜ、水仙が好きなのか？　そんなことも知らないままお別れしてしまったね。私はノリリスクで慰霊碑に触ったように墓石にそっと触れました。

そうか……、あなたはここにいるのね、でも私の胸の中にもちゃんといるよ、あなたをずっと忘れない。墓地の近くに落ちていた杉ぼっくりを一つ拾いました。今、我が家の仏壇にあります。これを見るとつぶらな瞳のあなたを思い出します。

今日も絵を観に行ったのよ。あなたはやむを得ない用事があって来られなかったんでしょう？　わかってる。あなたのぶんも観ておいたからね。

★マリヤさんの手記

六十年後、折り鶴に乗って故郷に帰る……記憶とその意味

吹雪の向こうから……

ノリリスクは、最低気温マイナス五十四度、年の半分は極夜、一年に百三十日が吹雪の日であるという、十五万人以上の定住者を持つ都市の中で、世界で最も北にある都市だ。タイミル半島に位置し、交通手段が六月から九月までのエニセイ川の航行と飛行機しかないことから、現地住民によってノリリスク以外のロシアは「大陸」と呼ばれている。

聞こえてくる日本人抑留者の声に耳を傾け……

このノリリスク「島」には、一九三五年から一九五六年にかけて強制労働収容所グラグのノリリスク矯正収容所があった。ニッケル産地での工場・町造りを担うため、第二次世界大戦が終わって一九四六年から日本人「捕虜」も収容所に入れられるようになった。一九四八年の時点で、ノリリスク収容所の

三十七・二%がいわゆる「政治犯」で、その他は刑事犯だったといわれている。六十七%がロシア人で、残りの三十三%は旧ソ連の民族および日本人を含めた外国人だった。

その中に、渡辺祥子さん（七十三）の父、渡辺良穂さんも、囚人としてノリリスクの永久凍土の地を踏み、賃労働者として一九五〇年に死亡した。彼の運命にも、他の日本人の運命にもまだ不明な点が多々あるけれど、父の誇りとなれる娘らしく、渡辺さんは日本人たちの慰霊を自分の使命と考え、行動してきた。

痛みや苦しみが二度と繰り返されることがないよう行動し……

一九九〇年に母と一緒に初めてノリリスクに来てから、長い年月が経った。渡辺さんは母が亡くなり、サハリン（旧樺太）とノリリスクでその散骨をして、ノリリスクも外国人入市制限の都市になった。両親の想いを大事にしようと、渡辺さんは慰霊碑建立に思い至った。

「この十一年間は苦しかった。一言で言い表せないくらい、ものすごく苦しかった。しかし、その苦しみを悪い方向、恨みなどに変えるのではなく、良い方向に変えようと頑張った」と彼

女は語っている。ロシア語を学び、慰霊碑建立を手伝ってくれる協力者を探してきた。一番の協力者になったのは、ノリリスク産業地区開発歴史博物館館長、スレーサレヴァ・スベトラーナさんだ。ノリリスク市長の許可、建築家探し、工事管理から入市許可まで、様々な手助けをした末に、戦後七十周年の年に日本人慰霊碑は博物館管轄の「ノリリスクゴルゴタ」慰霊碑群に建った。

筆者はここ二年間、渡辺さんのお手伝いをしており、建立に必要な手続きをはじめ、スベトラーナさんや建築家のヴォールギンさんとの交渉などをやってきた。ノリリスクは建設資材もほとんどなく、交通手段やインターネット環境に恵まれていない町で、その上に色々なトラブルが起きたが、人には恵まれている町だと言える。

渡辺さんの強い気持ちに打たれて、どうしてもやり遂げると決めた筆者は、ノリリスク市民の中に心強い共感者を得た。博物館の職員たち、デザインと設計、そして、材料調達や工事などを全うした建築家のヴォールギン・ミハイルさん、寒さや極夜、あらゆる困難をものともせず直接慰霊碑を「ゴルゴタ」に建てたグベンコ兄弟のアナトーリイさんとセルゲイさん、建立事業

掛けている渡辺さんの誓いに行動で署名をした。

を支えてくれた市長や民間団体、一般市民の皆さん……私たちは、戦争の苦しみを繰り返さないよう呼び掛けている渡辺さんの誓いに行動で署名をした。

……生きてゆきます

二〇一五年十月二日、「ノリリスクゴルゴタ」で日本人慰霊碑の除幕式が行われた。式の前の朝、渡辺さんは母のイヤリングをつけ、父の高等学校時代の柔道寒稽古記念のペンダントを首から下げた。「父も母も私の背中を押してきたと信じているから、この日を私と一緒に迎えるように」と、渡辺さんが笑った。しかし、除幕式現場では、涙が眼に滲んでいた。渡辺さんは応援してくれた、ロシア、日本、その他の国々の人にお礼の言葉を述べ、この地で犠牲になった全ての国の人々に言葉を向けた。

「帰国が叶わなかった無念の思いを私たちは決して忘れません。私は今日ここに日本から折り鶴を持ってまいりました。肉体は祖国へ帰ることができませんでしたが、魂はこの鶴に乗って故郷に帰ることが出来ると信じます。どうかこの鶴に乗って故郷にお帰り下さい。この鶴を御霊に捧げます」。

後にヴォールギンさんがその辞で言ったように、「慰霊碑は、ここで亡くなった日本人が祖国へ帰るため、あるいは、本国で待っている日本人がここを見つけるために日本を指す東南の方角を向いており、白と黒のコントラストでできている」。八王子市での呼びかけに応じて、日本人が折ってくれた華やかな鶴たちは、祖国を向くモノクロの慰霊碑の上に居場所を見つけた。

渡辺さんは日本のお菓子「羊かん」も捧げ、共にかけがえのない地球で生きる人に誓いを求めた。「全世界の人々は等しく恐怖と欠乏から免れ、平和の内に生存する権利をもっていることを改めて確認し、二度と忌まわしい出来事が起こらぬよう、貧困や抑留に苦しまぬよう全力をあげて共に努力していこうではありませんか」と、述べた。

ノリリスク市民へは、「日本とロシアの友好のシンボルとなり、世界平和を願うシンボルとなる」、この碑の由来を、子々孫々語り継いで、「この碑がかけがえのない地球にいつまでもメッセージを伝え続けることを願った。「バリショーエ、スパシーバ」と、ロシア語で感謝の言葉を贈って、自分の辞を終わらせた。式典が終わった後で、ロシアの習慣で参列者は、気持ちをひとつにして、慰霊碑に花を捧げた。

記憶の意味とは？……

碑文は「吹雪の向こうから〝生きていきます」の和露両文と、「生存の権利」からなっている。「シベリア抑留」や「南京事件」のユネスコ世界記憶遺産への登録を巡って論争が続く中、日本の一国民の渡辺祥子さんは、外国人入市制限の北極圏の町で日本人の慰霊碑を、日露友好のシンボルと平和へのメッセージとして建立し、その記憶と教訓をノリリスク市民と世界の人々に託した。

「戦争さえなければ、我々はこうして手を取り合い、友達になれる」と、彼女は昨年ノリリスクの学生たちに語った。

過去は過去であり、嬉しいことも悲しいこともその一部だ。共に過去から学び、悲しいことを繰り返さないように教訓を記憶し、活かせ続けなければならない。それが記憶の意味であるのではないかと、筆者は考えている。

あとがき

二〇一七年四月下旬のある日の午後。

私は夕食のおかずを作ろうとスズキの頭を煮てだし汁をとり、それに味付けをし、ナスを煮ようとしていました。いつものように食卓に食材をを持ち込んでテレビをつけました。すると、画面には北朝鮮が大規模な軍事演習をしている映像が映り、続いてアメリカの空母カール・ビンソンが移動中とのこと、日本のある自治体は「何かあったら地下に避難してください」と勧告したと言っています。

私は（ナスを切っている場合ではない）と思い、思わず立ち上がってしまいました。地下室のない我が家はどうしたらよいのだろう……台所の床下収納庫だろうか。

それにしてもこんな思いをせずに暮らしたいものです。

ここに「シベリヤの月」という歌集があります。もと抑留されていた、今は亡き蓮井秀義さんの和歌が載っています。

たたかいに負けてはじめてたたかいの無意味と罪の深さ知りけり

とあります。多くの人が苦しみ、その後に得たあまりにも苦い教訓です。戦争は一番大きな罪であると今一度かみ締めながら生きてゆきたいものです。

私たちは微力でも無力ではないと賀川豊彦（大正期の社会運動家）は教えてくれました。一人ひとりが命の質を持ち、その生命を精一杯花開かせていくためには、その微力を活かしていかなければと思います。この微力を無力にしてはいけないと思う今日このごろです。

＊

この拙著を書き終わって、まだまだ書き足りないという思いと同時に、「抑留」はあまりにも幅が広く、奥が深いことが見えはじめ、とても私のような人間には語れないという思いとが交錯しました。どうか若い皆さん、この続きを解明してください。

これからの私ですか？　父の「個人登録簿」を見せてくださいとロシア政府にお願いし続けることと、ヴォルクタに慰霊碑を建てたいと願っている方がいらっしゃるので、その活動を少しでも広めるお手伝いをしたいこと、ロシアで手に入れた歴史教科書の中の「日本人抑留」についての部分を頑張って訳してみたいことなどが、当面の私の仕事と思っています。

そしてここでお礼を申し上げなければなりません。温かく私を支えてくださった皆様と、この本が無事にこの世に誕生することを助けてくださったお三方です。

＊

富田先生

先生のお書きになった『シベリア抑留』（中公新書）を一生懸命読んでも、私はひよっこで、おびただしい人名、地名、法令をとうてい理解できませんが、それでも「抑留」が世界史や日本史の大事な部分を占めていることを知りました。「抑留」は起こるべくして起こったのだということが、部分的ではありますが、納得できます。これらのことを頭に入れながら「抑留」を考えるのとそうでないのとでは、私の姿勢は随分変わったことだろうと思います。

先生はご自分には別の専門「ソ連史」がありながら、抑留研究の道へと進まれたことに、とても感謝しています。病を抱えながらいろいろな方の相談にのったり、ヴォルクタというかなりの遠路を築山さんご夫妻と訪ねられたりと、ご健康が心配になるほどのご活躍です。今後もどうか拙い私を見守っていただきたくお願い致します。

川西先生

たくさんのご助言と行動の進展に寄与して頂きました。先生のお陰をもちまして、ぐんと大きく前に進むことができました。ありがとうございました。

北村正之さん

私が書き上げた原稿をさてどなたにお願いしようかと思っていたところ、友人の久保園さんが電話で「北村さんに頼んでみたら」と言ってくれました。

北村さんは高校の一年後輩で、どういうわけか私達の学年の飲み会で同学年のようにいっしょに楽しんでいました。暮しの手帖社で花森安治さんに鍛えられた人で、退職後、新しく立ち上げた出版社で仕事に生きがいを感じている人です。

そういえば名刺交換をしたっけ、あっ！　あった、名刺が！　というわけで電話をすると、「渡辺さん？　憶えていますとも……いっしょに頑張りましょう」と言ってくださいました。

下手な文を丁寧に読み、たくさんのアドバイスをいただきました。そして、私が戦争のない世の中を願って書いているということをしっかりと支えてくださいました。ありがとうございました。

＊

「抑留」を通して私は多くのことを学んだような気がします。人たるもの、かくあるべきと思える人びとに出会いました。加藤九祚先生は、「人々は戦いのためではなく、生活のために交流していた。クシャン朝は仏教を保護していた」、と書かれています。この文を読んで何故か涙が湧いてきたのを忘れることができません。

そして、今はただ感謝の気持ちがあふれてくるばかりです。

二〇一七年八月　渡辺祥子

渡辺 祥子（わたなべ さちこ）

1942 年（昭和 17 年）山口県防府市に生まれる
1943 年～ 45 年 樺太・豊原に在住（一家三人）
（現ロシア サハリン州ユジノサハリンスク市）
1945 年 8 月 山口県防府市に母と二人逃げ帰る
1950 年 6 月 母と上京
1954 年 3 月 20 日 父の死判明（北極圏ノリリスク市にて死亡）
1954 年 8 月 20 日 山口にて父の告別式を行う
2002 年 2 月 19 日 母 死去
2003 年 ユジノサハリンスク市にて母の散骨
2004 年 ノリリスク市にて母の散骨
2013 年「魚と風とそしてサーシャ」を出版
2015 年 ノリリスク市に日本人慰霊碑を建立

シベリアに慰霊碑を建てるまで
——折り鶴よ　羽ばたけ故郷《くに》へ魂《みたま》乗せ——

二〇一七年十月二七日　初版第一刷印刷
二〇一七年十一月三日　初版第一刷発行

著者・発行者　渡辺祥子

発売　株式会社　三恵社
〒四六二-〇〇五六　愛知県名古屋市北区中丸町二―二四―一
電話〇五二-九一五-五二一一　Fax〇五二-九一五-五〇一九
web. http://www.sankeisha.com

編集　北村正之
図書設計　吉原順一
印刷・製本　三恵社

ISBN 978-4-86487-751-0 C0095